Kaud
Band

Venz@Fotolia.com

Sabancı-Zentralmoschee in Adana

Impressum

Marcus Stein
Türkisch – Wort für Wort
erschienen im
REISE KNOW-HOW Verlag Peter Rump GmbH
Osnabrücker Str. 79, D-33649 Bielefeld
info@reise-know-how.de

18. Auflage 2015

Bearbeitung Josef Overberg, Michael Blümke
Layout Günter Pawlak
Layout-Konzept Günter Pawlak, FaktorZwo! Bielefeld
Umschlag Peter Rump (Foto: © steve estvanik@Fotolia.com)
Fotos © diverse Fotografen@Fotolia.com (Namen am jeweiligen Foto)
Druck & Bindung Werbedruck GmbH Horst Schreckhase, Spangenberg

ISBN: 978-3-89416-6462-4
Printed in Germany

Dieses Buch ist erhältlich in jeder Buchhandlung Deutschlands, Österreichs, der Schweiz und der Benelux-Staaten. Bitte informieren Sie Ihren Buchhändler über folgende Bezugsadressen:

Deutschland Prolit GmbH, Postfach 9, 35461 Fernwald (Annerod) sowie alle Barsortimente
Schweiz AVA-buch 2000, Postfach 27, CH-8910 Affoltern
Österreich Mohr Morawa Buchvertrieb GmbH, Sulzengasse 2, A-1230 Wien
Belgien & Niederlande Willems Adventure, **www.willemsadventure.nl**
direkt Wer im Buchhandel kein Glück hat, bekommt unsere Bücher zuzüglich Porto- und Verpackungskosten auch direkt über unseren Internet-Shop: **www.reise-know-how.de.**

Zu diesem Buch ist ein **AusspracheTrainer** erhältlich, als **mp3-Download** unter **www.reise-know-how.de** oder auf **Audio-CD** in jeder Buchhandlung Deutschlands, Österreichs, der Schweiz und der Benelux-Staaten.

Der Verlag möchte die **Reihe Kauderwelsch** weiter ausbauen und **sucht Autoren**! Mehr Informationen finden Sie unter **https://www.reise-know-how.de/verlag/mitarbeit**

Kauderwelsch

Marcus Stein

Türkisch

Wort für Wort

Zu diesem Buch
ist ein AusspracheTrainer
als mp3-Download erhältlich:
www.reise-know-how.de

Auch auf Audio-CD:
ISBN 978-3-8317-6030-5

Das gesamte Buch
inkl. AusspracheTrainer
gibt es auch als CD-ROM:
ISBN 978-3-8317-6019-0

Reise Know-How
im Internet
www.reise-know-how.de
info@reise-know-how.de

Aktuelle Reisetipps
und Neuigkeiten,
Ergänzungen nach
Redaktionsschluss,
Büchershop und
Sonderangebote
rund ums Reisen

Kauderwelsch-Sprachführer sind anders!

Warum? Weil sie Sie in die Lage versetzen, wirklich zu sprechen und die Leute zu verstehen.

Wie wird das gemacht? Abgesehen von dem, was jedes Sprachbuch bietet, nämlich Vokabeln, Beispielsätze etc., zeichnen sich die Bände der Kauderwelsch-Reihe durch folgende Besonderheiten aus:

Die **Grammatik** wird in einfacher Sprache so weit erklärt, dass es möglich wird, ohne viel Paukerei mit dem Sprechen zu beginnen, wenn auch nicht gerade druckreif.

Alle Beispielsätze werden doppelt ins Deutsche übertragen: zum einen **Wort-für-Wort**, zum anderen in „ordentliches" Hochdeutsch. So wird das fremde Sprachsystem sehr gut durchschaubar. Denn in einer fremden Sprache unterscheiden sich z. B. Satzbau und Ausdrucksweise recht stark vom Deutschen. Ohne diese Übersetzungsart ist es so gut wie unmöglich, schnell einzelne Wörter in einem Satz auszutauschen.

Die **Autorinnen** und **Autoren** der Reihe sind Globetrotter, die die Sprache im Land selbst gelernt haben. Sie wissen daher genau, wie und was die Leute auf der Straße sprechen. Deren Ausdrucksweise ist nämlich häufig viel einfacher und direkter als z. B. die Sprache der Literatur oder des Fernsehens.

Besonders wichtig sind im Reiseland **Körpersprache, Gesten, Zeichen** und **Verhaltensregeln**, ohne die auch Sprachkundige kaum mit Menschen in guten Kontakt kommen. In der Kauderwelsch-Reihe wird darum besonders auf diese Art der nonverbalen Kommunikation eingegangen.

Kauderwelsch-Sprachführer sind keine Lehrbücher, aber viel mehr als traditionelle Sprachführer! Wenn Sie ein wenig Zeit investieren und einige Vokabeln lernen, werden Sie mit ihrer Hilfe in kürzester Zeit schon Informationen bekommen und Erfahrungen machen, die „sprachlosen" Reisenden verborgen bleiben.

Inhalt

Inhalt

Konversation

Anhang

Eray Hacıosmanoğlu@Fotolia.com

Bosporus-Brücke in Istanbul

Vorwort und Gebrauchsanweisung

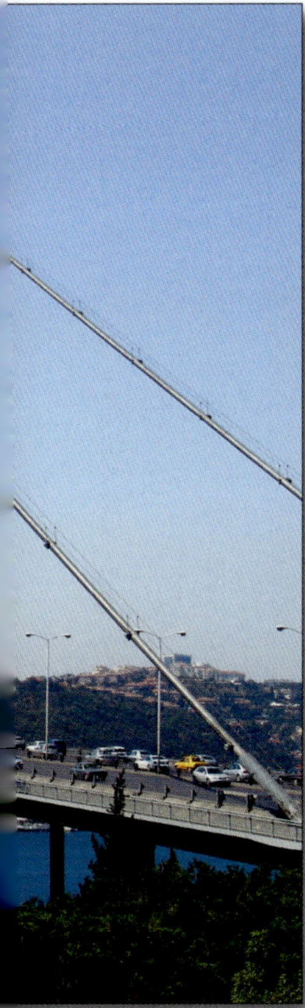

Dieser Sprachführer ist gedacht für Leute, die nicht nur mit den Wellen des Touristenstromes auch mal in die Türkei gespült werden, sondern für die, denen Reisen soviel bedeutet wie: Neues sehen, kennenlernen und zu verstehen versuchen. Das geht natürlich nicht ohne ein Minimum an Arbeit und Vorbereitung.

Sprechen, kommunizieren mit Fremden - wer möchte das nicht? Und möglichst schnell natürlich. Bloß wie?

Man muss schon ein bisschen über den **Aufbau einer Sprache** wissen, damit das überhaupt geht - mit anderen Worten: Ohne Grammatik ist nicht gut sprechen - oder zumindest nicht sehr lange.

Natürlich ist es nicht gerade sehr sinnvoll, sich zu Hause hinzusetzen und eine Regel nach der anderen auswendig zu lernen, bis man sie alle aus dem „ff" kennt. Der einzige Effekt wäre, dass man dann überhaupt nichts mehr spontan sagen kann, weil man nur noch darauf achtet, mit den Regeln irgendwie klarzukommen.

Was tun also?

Vorwort und Gebrauchsanweisung

Hören Sie sich Ausprachebeispiele mit Ihrem Smartphone an! Ausgewählte Kapitel im Konversationsteil sind dafür mit einem QR-Code ausgestattet.

Am besten blättere man dieses Büchlein erstmal von vorn bis hinten durch, damit man einen ersten Überblick darüber bekommt, was einen erwartet. Dann versuche man, die einzelnen Kapitel nacheinander noch einmal intensiver durchzulesen. Falls es Ihnen beim Anblick der Grammatik schwarz vor den Augen werden sollte: Wenn es auch ziemlich willkürlich ist, würde ich trotzdem empfehlen, sich wenigstens bis zum Kapitel „Substantive, Artikel und Pronomen" durchzuarbeiten. Alles andere kann man später bei Bedarf noch nachholen.

Ich habe versucht, mich bei dem **Grammatikteil** auf die grundlegendsten Abschnitte zu beschränken – und auch das ist noch ganz schön viel. Aber es lohnt sich: Der Unterschied zu den sogenannten indoeuropäischen Sprachen ist zwar manchmal immens, dafür ist Türkisch eine der Sprachen, die noch die wenigsten Ausnahmen von ihren Regeln kennen.

Wenn man dann also ausreichend Grammatik getankt hat, kann man sich den thematischen Teilen zuwenden, die erstens möglichst typische und zweitens möglichst einfache Formulierungen enthalten, die man sicher öfter brauchen wird. Außerdem wird jeder Satz „interlinear" übersetzt, d. h. jeder einzelne Formbestandteil wird für sich übersetzt, was dann zwar im Deutschen den schönsten Sprachsalat gibt, dafür aber erkennen lässt, wie der Satz überhaupt zusammengesetzt ist, und wie und wo man einzelne Teile ändern muss, um ihn abzuwandeln. Eine genaue Erklärung dieser Übersetzungsmethode findet sich im nächsten Kapitel.

Überhaupt ist es das Prinzip dieser „Einführung" in die türkische Sprache, Ihnen eine Verständigungsmöglichkeit zu geben, und zwar nicht, indem fertige Sätze und Phrasen offeriert werden, die man zwar auswendig lernen, aber nicht in ihrem Aufbau nachvollziehen kann. Statt dessen soll man die Voraussetzungen dafür in die Hand bekommen, mit Hilfe der eigenen Phantasie eigene Sätze „bauen" zu können. Gleichzeitig soll aber die Möglichkeit vermittelt werden, auf diesem Grundstock aufzubauen – darum die vergleichsweise ausführliche Grammatik. Es soll zwar nicht in erster Linie um Korrektheit gehen – aber trotzdem soll nicht vorenthalten werden, was korrekt wäre. Missverstehen Sie also die Grammatik nicht als Gesetzbuch!

Auch im **Konversationsteil,** der nach Situationen und Themen geordnet ist, wird man vergeblich nach Dingen suchen, an denen vielleicht ein Philologe seine Freude hätte. Auch hier geht es um Verständlichkeit, Angemessenheit und Einfachheit.

Natürlich wird man nicht gleich nach dem ersten Lesen alle Regeln und Formen anwenden können. Wahrscheinlich wird jeder, der nie vorher Türkisch gelernt hat, am Anfang allenfalls

Seitenzahlen

Um Ihnen den Umgang mit den Zahlen zu erleichtern, wird auf jeder Seite die Seitenzahl auch in Türkisch angegeben!

Wortbrocken von sich geben. Dabei hilft auch die ziemlich ausführliche Wörterliste am Ende des Sprechführers. Vielleicht lernen Sie auch die eine oder andere Frage oder Äußerung auswendig. Aber vergessen Sie nicht, sich immer klar zu machen, wie sie aufgebaut ist!

Dieser Sprechführer ist gedacht als eine Art Handbuch: In erster Linie dient er zum Nachschlagen und zur Unterstützung und Hilfe beim eigenständigen Lernen in der Praxis. Sprechen lernt man nun einmal nur beim Sprechen selbst, man muss einfach seine Hemmungen ignorieren und darauflos reden, egal ob falsch oder richtig. Mit Hilfe dieses Büchleins können Sie sich das holen, was Ihnen ohne fremde Hilfe kaum klar werden dürfte.

Zwischendurch finden sich eine Reihe **praktischer Informationen,** Tipps und die wichtigsten Verhaltensregeln mit Hintergrundinformationen über kulturelle Gegebenheiten in der Türkei, damit man nicht gleich in jedes kulturelle bzw. religiöse Fettnäpfchen tritt! Dabei sollte man sich allerdings darüber im Klaren sein, das es weder „den Türken“ noch „die Türkei“ gibt. Vielmehr verbirgt sich hinter diesen Etiketten eine Vielfalt von verschiedenen, sich widersprechenden und kontrastierenden Kulturen, Völkern und Sitten, die sich nicht über einen Kamm scheren lassen, und deren Zusammenleben in einem einzigen Staat konfliktreich, da in gewissem Grade erzwungen und noch immer von Repression begleitet ist. Es ist wohl unmöglich, dies alles hier darzustellen. Ich denke auch, dass es hier ja mehr um den ersten Zugang geht und darum, grobe Missverständnisse zu vermeiden und dadurch eigene Entdeckungen und eigene Erfahrungen möglich zu machen – hoffen wir das Beste!

Daniel Boiteau@Fotolia.com

Eingang zum Dolmabahçe-Palast, Istanbul

Kauderwelsch-AusspracheTrainer

Falls Sie sich die wichtigsten türkischen Sätze, die in diesem Buch vorkommen, einmal von einem Einheimischen gesprochen anhören möchten, kann Ihnen Ihre Buchhandlung den ***AusspracheTrainer (Audio-CD)*** *zu diesem Buch besorgen. Sie bekommen ihn auch über unseren Internetshop* ***www.reise-know-how.de*** *Dort steht der* ***AusspracheTrainer*** *auch als* ***mp3-Download*** *zur Verfügung. Alle Sätze, die Sie auf dem* ***AusspracheTrainer*** *hören können, sind in diesem Buch mit einem 👂 gekennzeichnet.*

Die Wort-für-Wort-Übersetzung

Diese Form der Übertragung, die Sie unter allen türkischen Sätzen finden, soll Ihnen helfen zu erkennen, wie jeder einzelne Satz aus den einzelnen Wörtern und den an diese angefügten grammatischen Elementen gebildet wird. Damit ist man in der Lage, einzelne Wörter auszutauschen oder grammatisch zu verändern (zum Beispiel eine andere Person einzusetzen). Das Prinzip dieser Übertragungsart liegt im Wesentlichen darin, dass direkt unter jedem türkischen Wort die deutsche Entsprechung erscheint, unter jeder Nachsilbe deren Übersetzung bzw. die grammatische Funktion, die sie erfüllt (zum Beispiel „Plural", „Dativ" usw.). Natürlich fällt die **Interlinear-Übersetzung** fast immer länger aus als der türkische Satz selbst. Um die dadurch entstehenden „Schwänze" nicht allzu lang werden zu lassen und um die Zuordnung zwischen türkischen Elementen und denen der Übertragung eindeutig zu kennzeichnen, benötigt man einige Abkürzungen und Symbole.

Beispiel:

Türk-üm.	**Türk** = Türke / Türkin
Türke-bin=ich	**-üm** = ich bin
Ich bin Türke (Türkin).	

-	Alle mit Bindestrich verbundenen Elemente bilden Bestandteile eines türkischen Wortes. Sie erscheinen in der Übertragung genau in derselben Reihenfolge wie im Türkischen.
=	Einige türkische Nachsilben vereinigen gewissermaßen zwei grammatische bzw. Bedeutungskomponenten in einer Form. In der Übertragung werden diese beiden im Türkischen verschmolzenen Komponenten durch „=" miteinander verbunden.
?	grammatisches Formelement zur Bildung von Fragesätzen
PL	Plural (Mehrzahl)
Inf.	Infinitiv (Grundform des Verbs)
BEFEHL	Befehlsform (Imperativ)
WUNSCH	Wunschform (Optativ)

Fischstand

Aussprache

Auch wenn sich das Türkische für deutsche Ohren erstmal sehr merkwürdig anhört – es ist doch ziemlich einfach, türkische Worte einigermaßen richtig, d. h. verständlich auszusprechen: Erstens haben wir im Deutschen teils ganz ähnliche Laute (die feineren Unterschiede bekommt man schon mit, wenn man gut hinhört). Und zweitens wird alles gesprochen, „wie es geschrieben wird". Nur an ein paar neue Buchstaben muss man sich gewöhnen und daran, dass einige nicht so wie im Deutschen ausgesprochen werden. In der folgenden Liste findet man alle diejenigen Buchstaben aufgeführt, auf die das zutrifft. Bei allen anderen orientiere man sich an der deutschen Aussprache.

Abweichungen vom Deutschen

ä, q, ß, w, x
deutsche Buchstaben, die nicht im türkischen Alphabet vorkommen

ç, ğ, ş, ı
türkische Buchstaben, die nicht im deutschen Alphabet vorkommen

c, e, h, j, s, v, y, r, z
haben im Türkischen eine andere Aussprache als im Deutschen

Betonung

Es gibt keine einheitliche Regel für die Betonung türkischer Wörter. Wichtig ist, dass es keinen so klaren Unterschied zwischen betonten und unbetonten Silben im Wort gibt, wie man es aus dem Deutschen her kennt. Je nach Stellung im Satz kann dann mal die eine, mal die andere Silbe als betont erscheinen. In grammatisch nicht abgewandelten Wörtern liegt eine etwas stärkere Betonung entweder auf der letzten oder auf der vorletzten Silbe. Grammatische Nachsilben übernehmen meist den Akzent des ganzen Wortes. Allerdings wird die Sache komplizierter, wenn mehrere solcher Nachsilben aufeinander folgen: Bei den Verben tragen meist diejenigen Nachsilben einen leichten Akzent, die die Zeitform ausdrücken, nicht aber die Nachsilben für die grammatische Person. Wie gesagt, kann sich dies im Satzzusammenhang aber auch noch ändern. Hier heißt es genau hinzuhören: mit der Zeit wird man intuitiv die richtigen Muster erkennen und übernehmen. Akzentfehler stören im Normalfall ohnehin nicht die Verständlichkeit.

Alle Ausspracheregeln gelten strenggenommen nur für diejenigen Worte, die nicht arabischen oder persischen Ursprungs sind (was man ihnen leider nicht ohne weiteres ansieht). Wenn man jedoch durch Zuhören und Sprechen lernt, wird man die Abweichungen ganz automatisch mitbekommen.

Aussprache

Laut	Beispiel	Aussprache
c	cacık *Zaziki*	stimmhaftes „dsch“ wie in „**Dsch**ungel“oder engl. „**J**im“
ç	çok *viel, sehr*	stimmloses „tsch“ wie in „**tsch**üss“
e	gel *komm*	kurzes offenes „e“ wie das erste „e“ in „**e**ssen“ (nicht wie in „g**e**hen“!), bzw. wie „ä“ in „B**ä**nder“
ğ	sağ ol *danke*	nach a, ı, o, u nur als Verlängerung dieses Vokals hörbar
	değil *nicht*	nach e, i, ö, ü wie ein schwaches deutsches „j“ (Aussprache: de**j**il)
h	mahalle *Stadtviertel*	zwischen zwei Vokalen wie deutsches „h“
	Salih *(Vorname)* tahta *Brett, Holz*	vor Konsonanten und am Wortende wie „ch“, dabei nach hellen Vokalen etwas weicher als in „i**ch**“, nach dunklen Vokalen raues „ch“ wie in „Ba**ch**“
ı	anlamadım *ich habe nicht verstanden*	(ohne i- Punkt!); existiert im Deutschen nicht: dumpf gesprochener Vokal halbwegs zwischen dem „i“ wie in „**i**ch“ (besonders bei undeutlicher Aussprache) und dem „e“ wie in „all**e**“
j	jilet *Rasierklinge*	stimmhaftes Gegenstück zum ş, wie französ. „j“ in **J**ournal bzw. wie zweites „g“ in „Gara**g**e“
r	Ankara	Zungenspitzen-„r“, aber sehr weich gesprochen
s	sen *du*	stimmloses (scharfes) „s“ (ss/ß) wie in „Ku**ss**“, auch am Wortanfang
ş	şimdi *jetzt*	stimmhaftes „sch“ wie in „**sch**ön“
v	hava *Wetter* kavga *Streit*	wie deutsches „w“ in „**W**etter“– Ausnahme: vor Konsonanten wird die Verbindung av ungefähr wie das deutsche „au“ gesprochen (d. h. das v wird dabei zum Vokal)
y	yarın *morgen*	deutsches „j“ wie in „**j**a“
z	zaman *Zeit*	stimmhaftes (weiches) „s“ wie in „**S**aft“, kann auch am Wortende vorkommen

Türkisch – die Bandwurmsprache

Im Türkischen kann man sehr viele Informationen über Inhalt und Grammatik in einem einzigen Wort unterbringen: Neben den normalen Wortstämmen gibt es eine Unmenge von „Nachsilben", die alle eine ganz bestimmte Information oder Bedeutung tragen. (Genaugenommen sind es eigentlich keine echten Nachsilben. Oft gehören nämlich zu einem solchen „Anhängsel" auch zwei Silben, oder es sind einzelne Konsonanten, die als Teil einer Silbe gesprochen werden.) Dazu erstmal ein Beispiel:

Noch zur Aussprache: Einige wenige Wörter tragen (zumeist aber nicht obligatorisch) ein Hütchen (Zirkumflex) über dem „a": â. Dieses Sonderzeichen, das nicht als eigener Buchstabe gilt, zeigt in der Regel an, dass der Vokal gelängt und der vorhergehende Konsonant durch einen nachklingenden „j"-Laut erweicht gesprochen wird: kâğıt (Anlaut etwa „kjaa-") „Papier".

Gel-e-me-y-ecek-se-m.
kommen-können-nicht-Zukunft-wenn-ich
Wenn ich nicht kommen kann, ...
(Das y hat dabei keine Bedeutung, es wird nur eingeschoben, um zwei Vokale zu trennen.)

Viele Informationen, die also im Deutschen durch eigene Wörter ausgedrückt werden, sind im Türkischen in einem einzigen Wort untergebracht, eben in den angehängten Nachsilben. Diese können allerdings immer nur in ganz bestimmter Reihenfolge aneinandergereiht werden. Wie dem auch sei, auf diese Weise kommt das Türkische im ganzen oft mit sehr viel weniger Wörtern aus, dafür sind diese dann aber auch oft die reinsten Bandwürmer.

Der Vorteil dieses Prinzips besteht natürlich darin, dass man, wenn man die Nachsilben kennt und weiß, in welcher Reihenfolge sie stehen dürfen, nach Lust und Laune neue Konstruktionen bilden kann, und meistens – hat man einmal die Logik dieses Systems durchschaut – keine allzu groben Fehler mehr machen wird. Außerdem lassen sich die einzelnen Formen sehr gut analysieren und in ihre Einzelbestandteile zerlegen, um sich so ihre Bedeutung klarzumachen – vorausgesetzt, man bekommt überhaupt so schnell alles mit.

Das ist nämlich nun das große Problem bei der Sache: Durch die Grammatik des Nachsilben-Anhängens werden die einzelnen Informationen so komprimiert, dass wir, die wir an den etwas weitschweifigeren Aufbau des Deutschen gewöhnt sind, gar nicht so schnell alles mitbekommen und verarbeiten können.

Man wird wahrscheinlich erleben, dass man sehr wohl bald eine ganze Menge Wörter versteht – und man hört vielleicht ganz gut heraus, worüber gesprochen wird. Trotzdem wird man große Schwierigkeiten haben, herauszubekommen, was denn nun eigentlich genau gesagt wurde, weil man eben nicht gewohnt ist, auf die kleinen „Nachsilben" zu achten.

Natürlich wird man damit auch beim Sprechen seine Probleme haben und sich sicher manchmal einige Knoten in die Zunge reden, aber keine Sorge, wenn man es immer wieder versucht, dauert es gar nicht so lange, bis man Gehirn und Zunge soweit umtrainiert hat, dass es besser funktioniert.

Doch damit ist das Kapitel „Nachsilben“ noch keineswegs abgetan: Was am Anfang wahrscheinlich am meisten irritieren wird, ist, dass sich die „Nachsilben“ auch noch in der Form verändern – je nachdem wie das Wort aussieht, an das sie angehängt werden. Die wichtigste Regel für diese Veränderungen ist die sogenannte Vokalharmonie.

Vokalharmonie

Gleich ein Beispiel: Es gibt im Türkischen eine Nachsilbe, die soviel bedeutet wie „in“. Sie wird immer an das Wort angehängt, das die Örtlichkeit bezeichnet, in der etwas ist. Diese Nachsilbe lautet manchmal -da, manchmal aber auch -de. Bei Ortsnamen wird sie übrigens durch einen Apostroph vom Wort getrennt.

Ankara'da	in Ankara	**İzmir'de**	in Izmir
evde	im Haus		

Wann jeweils „a“ bzw. „e“ auftreten, hängt davon ab, welcher Vokal in der Silbe davor erscheint. Denn alle Vokale, die in einem türkischen Wort vorkommen, müssen zusammenpassen, miteinander „harmonieren“. Damit das funktioniert, passt sich der Vokal jeder angehängten Silbe an den Vokal der letzten Silbe im Grundwort an. Allerdings hat jede Nachsilbe nur eine begrenzte Anpassungsfähigkeit. Einige Nachsilben können (wie oben) nur zwischen den Vokalen a und e wechseln, andere haben ein größeres Set zur Verfügung, nämlich die Vokale i, ı, u und ü. Wann wird nun welcher von diesen Vokalen gebraucht? Das hängt wie gesagt von dem Vokal der Vorgängersilbe ab, und zwar nach folgendem Schema:

1. „große" Vokalharmonie (i / ı / u / ü):			
nach	**i, e**	steht	**i**
	ı, a		**ı**
	o, u		**u**
	ö, ü		**ü**

2. „kleine" Vokalharmonie (e / a):			
nach	**i, e, ö, ü**	steht	**e**
nach	**ı, a, o, u**	steht	**a**

Lautanpassung

Neben der Vokalharmonie gibt es noch eine weitere Veränderungsregel für die Nachsilben: die sogenannte „Assimilation" (Lautanpassung). Zum Beispiel:

ev-de	im Haus
kitap-ta	im Buch
şişe-de	in der Flasche
Edremit'te	in Edremit (Stadt in der Westtürkei)

Die Nachsilbe für „in" wechselt also nicht nur ihren Vokal, sondern ebenso den Anfangskonsonanten, und zwar nach folgender Regel:

Nach Vokalen und
stimmhaften Konsonanten steht **d**,
nach stimmlosen Konsonanten steht **t**.

Die Nachsilbe für „in" hat also im ganzen vier (!) Erscheinungsformen: -de, -da, -te, -ta.

stimmhafte Konsonanten:	**b c d g ğ j l m n r v y z**

stimmlose Konsonanten:	**ç f h k p s ş t**

Außer den Nachsilben können sich bei manchen Wörtern auch die Endkonsonanten der Stämme verändern (Auslautangleichung). So wird zum Beispiel aus dem Wort kitap (Buch) durch das Anhängen der „Nachsilbe" -m (mein) die Verbindung kitabım (mein Buch). Oder aus kabak (Kürbis) wird kabağım (mein Kürbis). Das passiert immer dann, wenn eine Nachsilbe mit einem Vokal beginnt. In so einem Fall wird der vorhergehende Konsonant in vielen Fällen „erweicht":

Wird an die folgenden Konsonanten eine mit einem Vokal beginnende Nachsilbe angehängt, verändern sie sich folgendermaßen (im Wörterverzeichnis sind alle Wörter gekennzeichnet, deren Endkonsonanten sich auf diese Weise verändern):

k wird zu **ğ**	**t** wird zu **d**
p wird zu **b**	**ç** wird zu **c**

Zugegeben, diese Regeln mögen jetzt ein wenig verwirrend wirken, man wird aber bald merken, dass sie sich beim Sprechen schnell einschleifen, weil sie letzten Endes nur Lautveränderungen darstellen, die sich aus den Gegebenheiten des Sprechapparates organisch ergeben und eigentlich die Aussprache der Wörter erleichtern.

Nach diesem etwas trockenen Einstieg (der allerdings notwendig ist, damit alles andere verständlich wird), nun zum Eigentlichen:

Kobby Dagan@Fotolia.com

Im Basar

Satzbau

Beginnen wir mit einem kleinen Dialog wie man ihn oft führen wird, wenn man irgendwo im Teehaus, auf der Straße oder sonstwo von einem Türken angesprochen wird:

Siz nere-li-siniz?
ihr was-aus-ihr
Woher kommen Sie?

Alman-ım
deutsch-ich
Ich komme aus Deutschland.

Alman mı-sınız? Çok güzel.
deutsch ?-seid=ihr sehr schön
Sie sind Deutsche(r)? Wie schön.

Sigara iç-iyor mu-sunuz?
Zigarette rauchen-Ggw ?-ihr
Rauchen Sie?

Hayır, sağ ol, ben kullan-m-ıyor-um.
nein heil sei ich benutzen-nicht-Ggw-ich
Nein danke, ich bin Nichtraucher.

Evli mi-siniz?
verheiratet ?-ihr
Sind Sie verheiratet?

Evet, evli-yim.
ja verheiratet-ich
Ja, ich bin verheiratet.

Çocuk-lar-ınız var mı?
Kind-PL-ihre gibt=es ?
Haben Sie Kinder?

Hayır, çocuğ-um yok.
nein Kind-mein es=gibt=nicht
Nein, ich habe kein Kind.

Türkiye'yi beğen-iyor mu-sunuz?
Türkei'Akk mögen-Ggw ?-ihr
Gefällt Ihnen die Türkei?

Tabii, Türkiye'yi çok beğen-iyor-um.
natürlich Türkei-Akk sehr mögen-Ggw-ich
Natürlich, die Türkei gefällt mir sehr gut.

Ihan Balta@Fotolia.com

In der Altstadt von Istanbul

Sieht man sich die einzelnen Sätze genauer an, erkennt man, dass es im Türkischen eigentlich drei verschiedene Grundmuster für die Bildung von Sätzen gibt:

Ben kullanmıyorum.	Ich rauche nicht.	**Vorgangssätze**

Diese Sätze bestehen im Kern aus einem Verb (mit Ergänzungen wie Objekten usw.).

Almanım.	Ich bin Deutscher.	**Zuordnungssätze**

Die Struktur dieser Sätze ist:

X .... (ist ein) .....Y

Alle Sätze, die im Deutschen nach dem Muster „X ist Y" gebaut sind, ergeben also im Türkischen Zuordnungssätze. Nur dass eben das Hilfsverb „sein" fehlt.

Çocuğum yok.	Ich habe keine Kinder. wörtlich: Meine Kinder existieren nicht.	**Existenzsätze**

Diese Sätze bestehen aus dem Existenzwörtchen var / yok (es gibt / es gibt nicht) und einem substantivischen Ausdruck, der das bezeichnet, was es nun gibt bzw. nicht gibt.

Um solche Sätze nun selber bilden zu können, braucht man noch ein paar zusätzliche Informationen.

Zuordnungssätze

Nehmen wir an, man will die folgenden Sätze bilden:

Ich bin Deutscher.
Sie sind sehr nett.
Die Pfirsiche sind (zu) teuer.
Antalya ist sehr schön.

Man sucht sich nun einfach die notwendigen Vokabeln zusammen. Hat man Sätze ohne Personalpronomen, ist es ganz einfach: man stellt einfach die beiden Begriffe hintereinander:

Pfirsich – **şeftali** teuer – **pahalı**

Also: **Şeftali pahalı.** Die Pfirsiche sind teuer.

Das Wort für Pfirsich braucht hierbei nicht in den Plural gesetzt zu werden, weil für den Türkischsprechenden in diesem Zusammenhang völlig uninteressant ist, ob es nun ein oder mehrere Pfirsiche sind: egal wieviel er kauft – teuer sind sie so oder so.

Vergessen Sie nicht, dass sich die Nachsilben verändern, je nachdem wie das Wort auslautet, an das sie angehängt werden!

Bei den Sätzen, die im Deutschen mit Personalpronomen (ich, du, sie, er, ...) gebildet werden, benötigt man die entsprechenden Personen-Nachsilben. Diese werden dann an das Wort, das die Zuordnung ausdrückt, gehängt.

deutsch = **alman** + Personen-Nachsilbe **-ım**
also: **Almanım.** Ich bin Deutsche(r).

Persönliche Fürwörter

Es gibt im Türkischen natürlich auch richtige Personalpronomen in Form von separaten Wörtern. Sie werden aber (wie in vielen anderen Sprachen auch) nur dann benutzt, wenn es sonst Missverständnisse geben könnte, oder wenn man die Person des Subjekts besonders hervorheben möchte. Die Personenendungen kann man der folgenden Tabelle entnehmen; die Personalpronomen stehen gleich dabei. Das eingeklammerte (y) erscheint nur, wenn die Nachsilbe direkt an einen Vokal gehängt wird:

Evli-y-im. Ich bin verheiratet.
aber:
Tok-um. Ich bin satt.

ich	**ben**	**-(y)im, -(y)ım, -(y)um, -(y)üm**
du	**sen**	**-sin, -sın, -sun, -sün**
er, sie, es	**o**	(keine Nachsilbe)
wir	**biz**	**-(y)iz, -(y)ız, -(y)uz, -(y)üz**
ihr, Sie	**siz**	**-(s)iniz, -(s)ınız, -(s)unuz, -(s)ünüz**
sie	**onlar**	**(-ler, -lar)**

Dabei ist die Endung in der „sie"-Form (3. Person Mehrzahl) keine echte Personen-Nachsilbe, sondern die allgemeine Mehrzahlendung, wie sie auch an Hauptwörter antritt. Und somit gilt auch hier, dass die Verwendung dieser Nachsilbe nicht obligatorisch ist, ganz im Gegensatz zu den anderen hier aufgelisteten Endungen.

Entscheidungsfragen & Verneinung

Die Fragen mit Fragewörtern findet man im Kapitel „Fragen mit Fragewörtern". Die Fragen ohne Fragewort (Ja-Nein-Fragen) werden je nach Satzart etwas anders gebildet, darum ist es am besten, sie gleich hier mitzubehandeln. Also:

Şeftali pahalı.	**Şeftali pahalı mı?**
Pfirsich teuer	*Pfirsich teuer ?*
Die Pfirsiche sind teuer.	Sind die Pfirsiche teuer?
Otel çok pis.	**Otel pis mi?**
Hotel sehr dreckig	*Hotel dreckig ?*
Das Hotel ist sehr dreckig.	Ist das Hotel dreckig?

Während wir im Deutschen also nur die Wortstellung verändern (manchmal sogar einfach nur die Betonung), wird im Türkischen immer eine kleine Fragesilbe benutzt, die, je nachdem welche Vokalfärbung das Wort davor hat, mı, mi, mu oder mü lautet („große Vokalharmonie"). Die Fragesilbe stellt man am besten immer ans Satzende.

In Sätzen, in denen Personenendungen vorkommen, wird die Fragesilbe zwischen die Personenendung und das Wort, an dem die Personenendung angehängt ist, gestellt. Dabei werden Fragesilbe und Personenendung in einem Wort geschrieben.

Evli mi-sin?
verheiratet ?-du
Bist du verheiratet?

Öğrenci mi-siniz?
Student ?-ihr
Sind Sie Student(in)?

Deli mi-sin?
verrückt ?-du
Bist du verrückt?

Ben mi?
ich ?
Ich?

Verneinung

Genauso wie die Fragen haben auch die Verneinungen je nach Satzart verschiedene Formen. Für Zuordnungssätze gebraucht man dabei das Wörtchen değil („nicht"), das direkt hinter das verneinte Haupt- oder Eigenschaftswort gesetzt wird. Wenn der Satz eine Personenendung enthält, folgt dieses Verneinungswort ebenso dem Haupt- bzw. Eigenschaftswort, und die Personenendung tritt an das Verneinungswort an:

Evli mi-sin?
verheiratet ?-du
Bist du verheiratet?

Hayır, evli değil-im.
nein verheiratet nicht-ich
Nein, ich bin nicht verheiratet.

Alman mı-sın?
deutsch ?-du
Bist Du Deutsche(r)?

Alman değil-im.
deutsch nicht-ich
Ich bin kein(e) Deutsche(r).

Und zu guter Letzt lässt sich beides – Frage und Verneinung – natürlich auch noch miteinander kombinieren, nämlich so:

Bekâr değil mi-siniz?
ledig nicht ?-ihr
Sind Sie nicht ledig?

Bezugswort + değil + mı/mi/mu/mü + Personal-„Nachsilbe"

Existenzsätze

Wie man an dem folgenden Beispieldialog sehen kann, wird diese Satzart in vielen touristischen Situationen (Einkaufen, Essengehen usw.) gute Dienste leisten können:

Çay var mı?
Tee es=gibt ?
Haben Sie Tee?

Evet, var.
ja es=gibt
Ja, haben wir.

Kahve de var mı?
Kaffee auch es=gibt ?
Haben Sie auch Kaffee?

Kahve mi?
Kaffee ?
Kaffee?

Evet, kahve.
ja Kaffee
Ja, Kaffee.

Yok, arkadaş, kahve yok.
es=gibt=nicht Freund Kaffee es= gibt=nicht
Nein, Freund, Kaffee haben wir nicht.

Die Bildung solcher Sätze ist also nicht weiter schwierig: Im Grunde muss man sich nur die beiden Wörtchen var (es gibt) und yok (es gibt nicht) merken. Dann werden alle Sätze einfach nach dem folgenden Schema gebildet:

es gibt ...	= ... **var**
... gibt es nicht	= ... **yok**

Diese Wörtchen werden immer dann gebraucht, wenn es darum geht, ob etwas (meistens an einem bestimmten Ort) existiert oder nicht, also immer dann, wenn wir im Deutschen sagen würden: „Haben Sie ... (da)?“, „Gibt es (hier) ... ?“.

Sie werden nicht benutzt, wenn man einen ganz bestimmten Gegenstand oder eine ganz bestimmte Person meint, von der man weiß, dass er / sie existiert, nur nicht, wo er / sie sich gerade befindet:

Mehmet burada mı?
Mehmet hier ?
Ist Mehmet hier?

Şarap buz dolabı-nda.
Wein Eis Schrank=sein-in
Der Wein ist im Kühlschrank.

Aber:

Buz dolabı-nda şarap var.
Eis Schrank=sein-in Wein es=gibt
Im Kühlschrank ist Wein.

Fragen

Fragen bildet man bei diesem Satztyp, indem man an die Wörtchen **var** / **yok** die Fragesilbe **-mı**, **-mi**, **-mu**, **-mü** (als getrenntes Wort) setzt (siehe den o. g. Beispieldialog).

Besitzanzeigende Fürwörter

Wie oben zu sehen, werden in Sätzen, die im Deutschen mit „haben“ (= „besitzen“, „dabeihaben“) gebildet werden, im Türkischen die Wörter var und yok benutzt. In den Beispielen oben kommt allerdings nicht der „Besitzer“ selbst zum Ausdruck. Das ist auch nicht nötig, solange dieser eine Institution, ein Kollektiv, jedenfalls also kein direkt und persönlich Angesprochener und Gemeinter ist (wie eben zum Beispiel in Geschäften, Restaurants usw.).

Im persönlichen Gespräch sieht es allerdings anders aus, abgesehen von den Fällen, in denen ohne die ausdrückliche Nennung des Besitzers der Sinn einer Aussage gar nicht klar wird. Für diese Fälle gebraucht man im Türkischen besitzanzeigende „Nachsilben“. Diese sind mit den Personenendung z. T. identisch, hängen auch ganz klar mit ihnen zusammen, haben aber doch eine andere grammatische Funktion.

Çocuk-lar-ınız var mı?
Kind-PL-ihre es=gibt ?
Haben Sie Kinder?

Çocuğ-um yok
Kind-mein es=gibt=nicht
Ich habe kein Kind (keine Kinder).

Die besitzanzeigenden „Nachsilben“ werden also direkt an das Wort angehängt, welches den besessenen Gegenstand bezeichnet:

çocuk-lar-ınız	Ihre / eure Kinder
araba-m	mein Auto
ev-in	dein Haus

Die besitzanzeigenden Endungen lauten so:

mein	= **-(ı)m, -(i)m, -(u)m, -(ü)m**
dein	= **-(ı)n, -(i)n, -(u)n, -(ü)n**
sein / ihr	= **-(s)ı, -(s)i, -(s)u, -(s)ü**
unser	= **-(ı)mız, -(i)miz, -(u)muz, -(ü)müz**
Ihr / euer	= **-(ı)nız, -(i)niz, -(u)nuz, -(ü)nüz**
ihr	= **-leri, -ları** (in vielen Fällen wird auch hier einfach die 3. Person Einzahl (ihr/sein) benutzt

Zusätzlich zu diesen besitzanzeigenden Endungen gibt es übrigens auch ganz normale besitzanzeigende Pronomen, wie wir sie kennen, nämlich als selbständige Wörter. Sie stehen wie im Deutschen vor dem Bezugswort. Genau wie die Personalpronomen werden sie aber im Allgemeinen nur dann benutzt, wenn man ihre Bedeutung besonders hervorheben will. Man kann sie jedoch auch ohne besondere Emphase anstatt der besitzanzeigenden Endungen gebrauchen. Das wird auch in der türkischen Umgangssprache manchmal durchaus so gehandhabt. Jedenfalls wird man so ohne weiteres verstanden, und es fällt leichter, sich die Pronomen zu merken – und vor allem: sie anzuwenden.

ich	**ben**	mein	**benim**
du	**sen**	dein	**senin**
sie / er	**o**	sein / ihr	**onun**
wir	**biz**	unser	**bizim**
ihr / Sie	**siz / Siz**	euer / Ihr	**sizin / Sizin**
sie	**onlar**	ihr	**onların**

Natürlich lässt sich der Besitzer einer Sache nicht immer durch einen Personalausdruck (Pronomen oder Endung) ausdrücken. Der Besitzer kann ein Substantiv oder Eigenname sein, wie z. B. in den Ausdrücken „Mustafas Tochter" oder „Vaters Haus". Dazu muss man die Genitivbildung kennen, die man im Kapitel „Substantive, Artikel, Pronomen" findet.

Vorgangssätze & Verb

Die einfachste Form eines Vorgangssatzes besteht aus einem einzigen Wort, nämlich einem Verb mit den entsprechenden Endungen:

Gid-iyor-um
gehen-Ggw-ich
Ich gehe.

Gel-iyor-sunuz
kommen-Ggw-ihr
Ihr kommt / Sie kommen.

Anla-m-ıyor-um
verstehen-nicht-Ggw-ich
Ich verstehe nicht.

So ein Satz besteht also aus dem Stamm des Verbs (gid-, gel-, anla-), einer „Nachsilbe“, die die grammatische Zeitstufe anzeigt (-iyor/ -ıyor/-uyor/-üyor; Gegenwartszeit), und einer Endung für die Person des Subjekts. Diese Personenendung ist für die Gegenwartszeit auf -iyor identisch mit der Personenendung, die Sie bei den Zuordnungssätzen kennengelernt haben.

Im Wörterbuch findet man allerdings nie den bloßen Stamm der Verben, sondern den Infinitiv („Grundform“), der sich aus dem Stamm und der Nachsilbe -mek, -mak zusammensetzt:

git-mek: **git- + iyor** = **gid-iyor**
+ Pers.-Endung **-um** = **gid-iyor-um**

Wenn ein Verbstamm auf einen Vokal auslautet, wird dieser beim Anhängen von -iyor / -ıyor/ -uyor / -üyor weggelassen:

anla-mak: **anla- + ıyor** = **anl-ıyor**

Die Endungen für die Subjektspersonen finden sich oben im Abschnitt „Zuordnungssätze“. Ebenso wie dort kann man auch hier zur besonderen Hervorhebung noch das Personalpronomen vor das Verb stellen:

(Ben) kalkıyorum. Ich stehe auf.

Fragen

Sie werden ganz ähnlich wie in Zuordnungssätzen gebildet: vor die Personenendung wird die Fragepartikel mi, mı, mu, mü eingefügt.

anlamak	**anl-ıyor**
anl-ıyor-sun (+ mu)	= **Anl-ıyor mu-sun?**
	verstehen-Ggw ?-du
	Verstehst du ?

Verneinung

Achtung – jetzt wird es kompliziert: Auch für die Verneinung der Vorgangsverben gibt es eine spezielle Silbe, die in die Verbform eingebaut wird. Unglücklicherweise sieht sie der Fragesilbe sehr ähnlich. Sie lautet -me / -ma, d. h. sie unterscheidet sich von der Fragesilbe nur dadurch, dass sie die Vokale der kleinen Vokalharmonie (e, a), und nicht die der großen Vokalharmonie (ı, i, u, ü), enthält.

Sie wird allerdings auch an einer anderen Stelle in der Verbkette eingesetzt, nämlich direkt nach dem Stamm des Verbs. Da nun aber in den Formen der -iyor-Gegenwart der Vokal der Gegenwartssilbe (also ı bzw. i) direkt auf die Verneinungssilbe folgt, fällt der Vokal der Verneinungssilbe aus:

gelmek: gel-
verneinter Stamm: **gel-me-**
gel-me- + iyor = gel-m-iyor

Gel-m-iyor-um.
kommen-nicht-Ggw-ich
Ich komme nicht.

Wer jetzt noch nicht genug von dem Silbensalat hat, der möge sich darin versuchen, die verneinte Frage zu bilden – hier ist sie:

Gel-m-iyor musun?
kommen-nicht-Ggw ?-du
Kommst du nicht?

Im Anschluss finden Sie noch einmal die Gegenwartsformen des Verbs gitmek „gehen" komplett in Tabellenform:

Präsens -iyor-	**positive Aussage**	**negative Aussage**
ich	**gidiyorum**	**gitmiyorum**
du	**gidiyorsun**	**gitmiyorsun**
er/sie/es	**gidiyor**	**gitmiyor**
wir	**gidiyoruz**	**gitmiyoruz**
ihr/Sie	**gidiyorsunuz**	**gitmiyorsunuz**
sie	**gidiyor(lar)**	**gitmiyor(lar)**

	Frage	**verneinte Frage**
ich	**gidiyor muyum**	**gitmiyor muyum**
du	**gidiyor musun**	**gitmiyor musun**
er/sie/es	**gidiyor mu**	**gitmiyor mu**
wir	**gidiyor muyuz**	**gitmiyor muyuz**
ihr/Sie	**gidiyor musunuz**	**gitmiyor musunuz**
sie	**gidiyor(lar) mı**	**gitmiyor(lar) mı**

Es gibt im Türkischen neben der „normalen" Gegenwartszeit auf -iyor noch eine weitere Gegenwartsform, das „-r-Präsens" (genannt nach ihrem typischen Konsonanten in der Endung). Als Anfänger kann man sich problemlos behelfen, indem man nur die -iyor-Formen benutzt. Türken verwenden allerdings beide Präsens-Bildungen etwa gleich häufig, und es gibt auch einen gewissen Bedeutungsunterschied. Die Feinheit liegt darin, dass man mit -iyor eigentlich nur aktuell stattfindende Vorgänge und Handlungen ausdrückt, und mit dem -r-Präsens gewohnheitsmäßig stattfindende Vorgänge (z. B. „ich stehe jeden Tag um sechs Uhr auf"). Hier folgen nun die entsprechenden Formen nur zum Wiedererkennen:

Präsens -r-	positive Aussage	negative Aussage
ich	**giderim**	**gitmem**
du	**gidersin**	**gitmezsin**
er/sie/es	**gider**	**gitmez**
wir	**gideriz**	**gitmeyiz**
ihr/Sie	**gidersiniz**	**gitmezsiniz**
sie	**gider(ler)**	**gitmez(ler)**

	Frage	verneinte Frage
ich	**gider miyim**	**gitmez miyim**
du	**gider misin**	**gitmez misin**
er/sie/es	**gider mi**	**gitmez mi**
wir	**gider miyiz**	**gitmez miyiz**
ihr/Sie	**gider misiniz**	**gitmez misiniz**
sie	**gider(ler) mi**	**gitmez(ler) mi**

Die Zukunftszeit (Futur) wird mit Hilfe des grammatischen Elements -ecek- / -acak- (kleine Vokalharmonie, je nach dem letzten Vokal des Verbstamms) gebildet. Das k wird dabei zum ğ erweicht, wenn die nachfolgende Personenendung mit einem Vokal anlautet. Im Türkischen benutzt man grundsätzlich das Futur, wenn von zukünftigen Vorgängen die Rede ist. Es folgen nun die Formen:

Futur	positive Aussage	negative Aussage
ich	**gideceğim**	**gitmeyeceğim**
du	**gideceksin**	**gitmeyeceksin**
er/sie/es	**gidecek**	**gitmeyecek**
wir	**gideceğiz**	**gitmeyeceğiz**
ihr/Sie	**gideceksiniz**	**gitmeyeceksiniz**
sie	**gidecek(ler)**	**gitmeyecek(ler)**

	Frage	verneinte Frage
ich	**gidecek miyim**	**gitmeyecek miyim**
du	**gidecek misin**	**gitmeyecek misin**
er/sie/es	**gidecek mi**	**gitmeyecek mi**
wir	**gidecek miyiz**	**gitmeyecek miyiz**
ihr/Sie	**gidecek misiniz**	**gitmeyecek misiniz**
sie	**gidecek(ler) mi**	**gitmeyecek(ler) mi**

Auch für die Vergangenheit gibt es im Türkischen zwei verschiedene Formenreihen. Als Anfänger benötigt man aber nur die Vergangenheit auf -di- (große Vokalharmonie: -di-, -dı-, -du-, -dü-). Mit dieser Serie drückt man Ereignisse aus, die man selbst erlebt hat bzw. von deren Wahrheitsgehalt man überzeugt ist. Achtung: die „wir"-Form weicht hier ab!

Präteritum -di-	positive Aussage	negative Aussage
ich	gittim	gitmedim
du	gittin	gitmedin
er/sie/es	gitti	gitmedi
wir	gittik	gitmedik
ihr/Sie	gittiniz	gitmediniz
sie	gitti(ler)	gitmedi(ler)
	Frage	**verneinte Frage**
ich	gittim mi	gitmedim mi
du	gittin mi	gitmedin mi
er/sie/es	gitti mi	gitmedin mi
wir	gittik mi	gitmedik mi
ihr/Sie	gittiniz mi	gitmediniz mi
sie	gitti(ler) mi	gitmediler mi

In dieser Hinsicht ähnelt diese Form dem deutschen Konjunktiv.

Die Vergangenheit auf **-miş-** verwendet man, wenn man den Wahrheitsgehalt der Aussage nicht garantieren kann (z. B. bei Gerüchten).

Präteritum -miş-	positive Aussage	negative Aussage
ich	gitmişim	gitmemişim
du	gitmişsin	gitmemişsin
er/sie/es	gitmiş	gitmemiş
wir	gitmişiz	gitmemişiz
ihr/Sie	gitmişsiniz	gitmemişsiniz
sie	gitmiş(ler)	gitmemiş(ler)
	Frage	**verneinte Frage**
ich	gitmiş miyim	gitmemiş miyim
du	gitmiş misin	gitmemiş misin
er/sie/es	gitmiş mi	gitmemiş mi
wir	gitmiş miyiz	gitmemiş miyiz
ihr/Sie	gitmiş misiniz	gitmemiş misiniz
sie	gitmiş(ler) mi	gitmemiş(ler) mi

Hauptwörter, Artikel, Pronomen

Zunächst mal eine erleichternde Botschaft: Im Türkischen gibt es keinen Artikel – oder beinahe keinen. Häufig wird auch noch die Pluralendung weggelassen. Dadurch kann man ein Substantiv im Grunde auf vier verschiedene Weisen interpretieren.

kitap = 1. das Buch
2. ein Buch
3. die Bücher
4. Bücher

Natürlich ist es manchmal schon notwendig, die Unterscheidungen zwischen diesen Verwendungsarten auszudrücken. Und zwar so:

der, die, das

Die bestimmten Artikel des Deutschen lassen sich auf Türkisch nicht direkt wiedergeben. In vielen Fällen kann man aber ausweichen auf die „hinweisenden Fürwörter“ (dt.: dieser, jener). Diese werden denn auch im Türkischen sehr viel häufiger gebraucht als im Deutschen. Es gibt auch mehr davon, nämlich:

bu	diese (- r, - s) (hier)
şu	diese (- r, -s) (da); der, die, das (hier)
o	jene (- r, -s); der, die, das (da)

Der Unterschied zwischen ihnen ist, dass sie eine von bu über şu nach o wachsende Distanz zwischen dem Sprechenden und dem bezeichneten Gegenstand ausdrücken. Das muss keineswegs eine räumliche Distanz sein: Man kann damit auch eine vorstellungsmäßige oder emotionale Nähe bzw. Entfernung meinen.

Übrigens können diese Pronomen entweder selbständig (als Ersatz für Substantive) stehen oder eben als Zusatz (zur näheren Bestimmung von Substantiven).

bu kitap	dieses Buch
o adam	jener Mann

aber:

O çok güzel.
jenes sehr schön
Das (der, die) ist sehr schön.

Şu araba benim.
das=hier Auto meines
Das (hier) ist mein Auto.

ein, eine

Den unbestimmten Artikel kann man ähnlich wie im Deutschen durch das Zahlwort bir (ein, eine) umschreiben:

bir kadın	eine Frau
bir gazete	eine Zeitung

Bu bir cami.
dies ein(e) Moschee
Dies ist eine Moschee.

bir wird – wiederum ähnlich wie im Deutschen – auch für die Bildung einer ganzen Reihe von unbestimmten Pronomen und Adverbien gebraucht:

biraz **(az**	etwas, ein wenig – wenig)
bir şey **(şey**	(irgend)etwas – Sache, Ding)
bir zaman **(zaman**	(irgendwann) einmal – Zeit)
bir gün **(gün**	eines Tages – Tag)
bir kimse **(kimse**	(irgend)jemand – jemand)

Plural

Die Mehrzahl der Hauptwörter wird durch die Nachsilbe -ler / -lar ausgedrückt. Das ist im Türkischen allerdings nicht immer notwendig. Man verwendet die Pluralmarkierung, wenn der Mehrzahlcharakter betont werden soll, bzw. wenn darüber andernfalls Unklarheit herrschen würde.

Die Fälle

Substantive verändern je nach ihrer Stellung bzw. Funktion im Satz ihre Form. Dadurch entstehen die verschiedenen Beugungsformen (Fälle). Im Türkischen gibt es zusätzlich zum Nominativ (Grundform) die folgenden fünf:

Akkusativ *(Akk.)*	**-(y)i / -(y)ı / -(y)u / -(y)ü** *(Objektform)*
Dativ *(Dat.)*	**-(y)e / -(y)a** *(Richtungsform)*
Ablativ *(Abl.)*	**-den / -dan / -ten / -tan** *(Herkunftsform)*
Lokativ *(Lok.)*	**-de / -da / -te / -ta** *(Ortsform)*
Genitiv *(Gen.)*	**-(n)in / -(n)ın / -(n)un / -(n)ün** *(Besitzerform)*
(Zugehörigkeitsform siehe Kap. Besitzanzeigende Fürwörter)	

Die eingeklammerten Laute in der Tabelle erscheinen nur dann, wenn das vorhergehende Substantiv auf einen Vokal endet.

Akkusativ

Man benutzt die Akkusativ-Endung nur dann, wenn das Substantiv einen oder mehrere bereits bekannte und grammatisch „bestimmte" Gegenstände bezeichnet, also immer, wenn im Deutschen der bestimmte Artikel („der, die, das") steht (bzw. ein Zahlwort oder hinweisendes Pronomen, das den bestimmten Artikel ersetzt).

Gazete ok-uyor-um.
Zeitung lesen-Ggw-ich
Ich lese (eine) Zeitung.

Gazete-yi ok-uyor-um.
Zeitung-Akk lesen-Ggw-ich
Ich lese die Zeitung. (= die bestimmte Zeitung)

Dativ

Nicht in allen Zusammenhängen lässt sich noch die Bedeutung des Dativs als Fall der Richtung: (nach, zu ... hin, in ... hinein, usw.) erkennen.

ev-e	nach Hause
Ankara'ya	nach Ankara
Ali'ye	zu Ali
masa-ya	auf den Tisch

Ablativ

İstanbul'dan	aus Istanbul
evden	von zu Hause
Kars'tan	aus Kars
Mehmet'ten	von Mehmet

Diese Nachsilbe drückt manchmal auch die Ursache eines Vorgangs oder Zustands aus:

Gez-mek-ten yorgun-um.
herumlaufen-Infinitiv-Abl müde-ich
Ich bin müde vom Rumlaufen.

Ortsform

Diese Endung ersetzt gewissermaßen unsere Präpositionen „in“ und „bei“ (Frage „wo?“):

ev-de	zu Hause (im Haus)
istasyonda	auf dem Bahnhof
bahçede	im Garten
Mustafa'da	bei Mustafa

Genitiv

Man kann diese Konstruktion ganz gut nachempfinden, wenn man sich daran erinnert, dass es in manchen deutschen Dialekten so etwas Ähnliches gibt. Haben Sie vielleicht schon mal gehört, wenn jemand sagt: „dem Hund sein Schwanz“? Na bitte! Nur nehmen die Türken statt des Dativs eben den Genitiv.

Dieser dient wie im Deutschen (bzw. wie in der deutschen Schriftsprache) zur Kennzeichnung von Zugehörigkeit und Besitz. Allerdings kommt im Türkischen eine erhebliche Komplikation hinzu. Während der Besitzer im Genitiv erscheint, muss nämlich gleichzeitig der besessene (oder zugehörige) Gegenstand mit der besitzanzeigenden Nachsilbe -(s)i / -(s)ı / -(s)u / -(s)ü versehen werden:

Ali'nin araba-sı
Ali-Gen Auto-sein
Alis Auto

Hier kommen noch zwei wichtige Ausnahmen bei der Bildung der Zugehörigkeitsformen:

su-yu	**cami-i**
Wasser-sein	*Moschee-sein*
...-Wasser	...-Moschee

Bevor Sie sich jetzt auf das nächste Kapitel stürzen können, müssen Sie noch eines wissen: Auch die Pronomen werden dekliniert. Dies allerdings nur, wenn sie anstelle eines Substantives stehen.

Faustregel zur Ableitung der Beugungsformen vom Nominativ (Grundform): Man hänge ein -n- an die Nominativform, anschließend füge man die normale Deklinationsendung ab.

Hinweisende Pronomen			
Nom.	**o**	**bu**	**şu**
Gen.	**onun**	**bunun**	**şunun**
Dat.	**ona**	**buna**	**şuna**
Akk.	**onu**	**bunu**	**şunu**
Abl.	**ondan**	**bundan**	**şundan**
Lok.	**onda**	**bunda**	**şunda**

Personalpronomen						
Nom.	**ben**	**sen**	**o**	**biz**	**siz**	**onlar**
Gen.	**benim**	**senin**	**onun**	**bizim**	**sizin**	**onların**
Dat.	**bana**	**sana**	**ona**	**bize**	**size**	**onlara**
Akk.	**beni**	**seni**	**onu**	**bizi**	**sizi**	**onları**
Abl.	**benden**	**senden**	**ondan**	**bizden**	**sizden**	**onlardan**
Lok.	**bende**	**sende**	**onda**	**bizde**	**sizde**	**onlarda**

Eigenschaftswörter

Adjektive werden nicht dekliniert. Sie können genauso wie im Deutschen gebraucht werden.

Türkiye güzel.
Türkei schön
Die Türkei ist schön.

Şehir pis
Stadt dreckig
Die Stadt ist schmutzig.

Hava kötü, değil mi?
Wetter schlecht nicht ?
Das Wetter ist schlecht, nicht wahr?

Adjektiv als Attribut (nähere Bestimmung)

güzel Türkiye	die schöne Türkei
pis şehir	die schmutzige Stadt
kötü hava	das schlechte Wetter

In beiden Fällen ist die Reihenfolge dieselbe wie im Deutschen, so dass die Unterscheidung zwischen den beiden Adjektiv-Funktionen sicher keine großen Schwierigkeiten bereiten wird.

Der einzige Unterschied zum Deutschen besteht in der Stellung des unbestimmten Artikels (bir „ein, eine“). Dieser steht nämlich **nach** dem Adjektiv, also zwischen Adjektiv und Substantiv:

İstanbul pis bir şehir.
Istanbul schmutzig eine Stadt
Istanbul ist eine schmutzige Stadt.

aptal bir adam
dumm ein Mann
ein Dummkopf

iyi bir insan
gut ein Mensch
ein guter Mensch

Aber: Wenn bir als echtes Zahlwort gebraucht wird, steht es wie alle anderen Zahlwörter vor dem Adjektiv:

Bir (tane) soğuk bira, lütfen!
ein (Stück) kalt Bier bitte
Ein kaltes Bier, bitte!

Steigerung

Es gibt im Türkischen keine Steigerungsform der Adjektive, d. h. das Adjektiv wird für die Steigerung nicht - wie im Deutschen - gebeugt und somit in der Form verändert. Statt dessen werden einfach die Worte daha (mehr) und en (am meisten) davor gesetzt:

güzel	schön
daha güzel	schöner
en güzel	am schönsten, der/die/das schönste

Fragewörter

Sie haben schon eine Möglichkeit, Fragen zu bilden, kennengelernt:

Yemek yap-ıyor mu-sun?
Essen machen-Ggw ?-du
Machst du Essen?

Diese Art von Fragen, die mit Hilfe der Fragesilbe -mi, -mı, -mu, -mü gebildet werden, kann man normalerweise nur mit „ja" oder „nein" beantworten. Was passiert nun, wenn man eine genauere Antwort haben möchte? Zum Beispiel:

Yemek için ne yap-ıyor-sun?
Essen für was machen-Ggw-du
Was machst du zu essen?

Man benötigt also konkrete Fragewörter (wie, wer, was, wo usw.). Dazu gibt es dann eigentlich auch nichts weiter zu erklären – außer, dass die Fragewörter meistens direkt vor dem Verb stehen (das ist nämlich im türkischen Satz die wichtigste Stelle, so wie bei uns meist das erste Wort im Satz). Wenn kein Verb vorkommt – wie in Zuordnungssätzen – steht das Fragewort ganz am Satzende.

Ne yap-ıyor-sun?
was machen-Ggw-du
Was machst du?

Nereye gid-iyor-sun?
wohin gehen-Ggw-du
Wohin gehst du?

Kim o?
wer der/die/das
Wer ist das?

Ne var?
was es=gibt
Was gibt es? Was ist?

Nasıl-sınız?
wie-ihr=seid
Wie geht es Ihnen?

Pazar nerede?
Markt wo
Wo ist der Basar?

Wie Sie sicher schon festgestellt haben, ist eines der wichtigsten Fragewörter das Wörtchen ne (was), von dem dann viele weitere Frageausdrücke abgeleitet werden – und zwar mit Hilfe einer eingeschobenen Silbe -re- (die selbst keine Bedeutung hat) und eine angehängte Beugungsendung wie -de (in), -den (aus ... her) und -(y)e (in ... hinein, nach). Auf diese Weise haben wir schon drei Fragewörter:

nerede	wo?
nereye	wohin?
nereden	woher?

Wird das Fragewort nicht durch die Silbe -re- verlängert, bekommt das Fragewort eine mehr übertragene Bedeutung:

ne-den	warum?
ni-ye	weshalb, wieso?
niçin	warum, wozu?
ne için	wofür, für was?
nasıl	wie
nasıl bir	was für ein ...?
neyle	womit?
ne kadar	wieviel? wie teuer ?

Andere Fragewörter werden von kim (wer) abgeleitet:

kim	wer? (nur für Personen!)
kimin	wessen? (Gen.)
kime	wem, für wen, zu wem ? (Dat.)
kimi	wen? (Akk.)
kimin için	für wen?
kimde	bei wem? (Lok.)
kimden	von wem? (Abl.)

Weitere Fragewörter:

kaç kişi	wieviele ? (Personen)
kaç (tane)	wieviel(e) (Dinge) ?
kaça	wie teuer?
hangi	welche(-r, -s)?
efendim	wie bitte?

tane *heißt „Stück" und wird immer bei Mengenangaben als zwischengeschaltetes Zählwort gebraucht.*

ne zaman-dan beri (zaman = *Zeit*)
was Zeit-von seit
Seit wann? Wie lange schon?

Und denken Sie daran: wenn ein konkretes Fragewort vorkommt, wird die Fragesilbe -mi / -mı / -mu / -mü nicht verwendet!

Aviator70@Fotolia.com

Straßenschilder in Istanbul

Wünsche, Aufforderungen

Ein brenzliges Kapitel im Bereich interkultureller Kontakte, denn solche Satztypen sind – in erster Linie – Ausdruck von Bedürfnissen. Diese wiederum sind nicht – wie wir es oft in unserer naiven Befangenheit im individualistischen Denken des europäischen Westens unterstellen – subjektive, individuelle Gegebenheiten, sondern sie sind zum größten Teil Produkte einer bestimmten soziokulturellen Organisation des gemeinsamen Lebens. Deswegen kann man nicht davon ausgehen, dass es selbstverständlich ist, bestimmte Bedürfnisse als Individuum zu haben – vielmehr würde dieser Gedanke, sofern er überhaupt von Menschen aus anderen kulturellen Welten verstanden werden kann, denselben auch völlig absurd und abwegig erscheinen. Darüber hinaus sind bestimmte, selbst elementare Bedürfnisse, die es in jeder Kultur gibt (Sexualität und ihre Symbole!), oft weitgehend tabuisiert. Zumindest würde es Anstoß erregen, sich über sie – womöglich noch in größerem Kreise – zu äußern.

Natürlich kann man nicht in allen Einzelheiten wissen, wie die entsprechenden „Bräuche" in einem Land sind, das man gerade bereist – der Zweck der Reise besteht ja auch gerade darin, fremde Kulturen erst kennen zu lernen. Und der Reihe nach halbwegs vollständig auflisten lassen sie sich schon gar nicht. Man sollte sich vor allem dieser Tatsache bewusst sein und dementsprechend vorsichtig auftreten.

Besonders wenn man eingeladen wird, ist Zurückhaltung mit eigenen Wünschen geboten: Das Gesetz der Gastfreundschaft verlangt von einem Türken sowieso schon, dass er alles gibt, was er geben kann. Wenn man ständig noch mit eigenen Wünschen kommt, muss er das Gefühl bekommen, Sie nicht zufriedenzustellen. Womöglich kann er Ihre Wünsche nur schwer erfüllen (beispielsweise auf dem Land nach Wasser zum Waschen, das er selbst nicht hat und vielleicht erst mühsam beschaffen muss). Doch nun zum sprachlichen Teil:

Folgende Formen braucht man, um Wünsche und Aufforderungen auszudrücken:

1. Befehlsform
2. Wunschform
3. das Verb **istemek** = wollen
4. die kann-Form (s. das Kapitel „können")

Während wir im Deutschen nur zwei Befehlsformen kennen (Einzahl „nimm", Mehrzahl „nehmt"), gibt es im Türkischen gleich fünf.

al-mak	nehmen
al	nimm
al-ın	nehmt, nehmen Sie
al-ın-ız	nehmt, nehmen Sie
al-sana	nimm (doch)
al-san-ıza	nehmt (doch), nehmen Sie (doch)

Da die Bedeutungsnuancen, die zwischen den Formen mit ungefähr gleicher Bedeutung bestehen, kaum nachzuvollziehen sind, merkt man sich am besten die erste und die dritte Form – sie sind die, die am häufigsten gebraucht werden. Wie Sie inzwischen sicherlich aus dem Beispiel selbst ableiten können, heißen die Nachsilben für die Befehlsform, die direkt an den Wortstamm angehängt werden:

Einzahl (informell):
keine Nachsilbe (also nur der Verbstamm)

Mehrzahl (und formelle Einzahl):
-(y)iniz, **-(y)ınız**, **-(y)unuz**, **-(y)ünüz**

„Informell" sind die Formen, die im Deutschen mit „Du" übersetzt werden, „formell" die „Sie"-Formen. Der Unterschied wird in der Türkei ähnlich gehandhabt wie bei uns. Auf dem Land und bei der einfachen Stadtbevölkerung wird allerdings fast nur geduzt.

Noch ein paar Beispiele:

gel komm
it-iniz drücken Sie
(Aufschrift auf Klapptüren)

bitte

Dieses Wörtchen hat im Deutschen mehrere Funktionen:

als höflicher Zusatz zur Äußerung einer Bitte, eines Wunsches etc. **1.**
„Könnten Sie bitte...“, „Bitte Anschnallen“ usw.;

im Sinne von „wie bitte?“: **2.**
„Bitte? Was haben Sie gesagt?“;

als einladende Geste, oft in Form einer zustimmenden Antwort auf eine Bitte oder einen Wunsch: **3.**
„Darf ich mal ...?“ „Bitte sehr!“;

als Antwort auf „danke“, bzw. begleitend zur Erfüllung einer Bitte. **4.**

Im Türkischen gibt es kein einheitliches Wort für diese verschiedenen Funktionen. Eindeutige Übersetzungen gibt es im Grunde nur für die ersten beiden Bedeutungen:

Lütfen, sigara iç-me-yiniz *bitte Zigarette trinken-nicht-Befehl=ihr*	Bitte nicht rauchen.	**1.**
Efendim?	Wie bitte?	**2.**
tabii	natürlich, selbstverständlich	**3.**
buyurun	bitte	**4.**
bir şey değil *ein(e) Sache nicht*	keine Ursache, bitte sehr	

Natürlich ist es in vielen Fällen höflicher, die Befehlsform zu vermeiden. Man kann ebensogut die „kann"-Form benutzen, um Wünsche und Befehle höflich zu umschreiben. Man findet sie in einem späteren Abschnitt dieses Kapitels („können").

Wunschform (sollen)

Mit der Befehlsform richtet man immer Wünsche oder Aufforderungen direkt an den Gesprächspartner, der sie dann erfüllt oder eben nicht. Richten sich aber die Wünsche nicht direkt auf den Gesprächspartner, sondern auf irgendwelche Dritten bzw. auf den Sprecher selbst, so benutzt man die Wunschform (den Optativ):

gid-eyim	ich will / werde dann mal gehen
kalk-ayım	ich will dann mal aufstehen / aufbrechen
konuş-sun	er soll sprechen, lass(t) ihn ...
kal-sın	er soll bleiben, lass(t) ihn ....
gid-elim	wir wollen gehen, lass(t) uns gehen

Die entsprechenden Nachsilben lauten also:

-eyim / **-ayım**	ich will/lass(t) mich
-sin / **-sın** / **-sun** / **-sün**	er soll/lass(t) ihn sie soll/lass(t) sie es soll/lass(t) es

-elim / -alım	wir wollen / lass(t) uns
-sin(ler) / -sın(lar) / -sun(lar) / -sün(ler)	sie sollen / lass(t) sie

Olsun.	so sei es, so soll es sein (o.k.)
Geçmiş olsun.	Es soll vergangen sein. = Alles Gute, gute Besserung (sagt man, wenn jemand krank geworden oder ihm ein Unglück zugestoßen ist)

„wollen"

Dies heißt auf Türkisch istemek. Es deckt gleichzeitig das etwas moderatere Wort „möchte" ab, lässt sich also ziemlich universal verwenden.

Ankara'ya git-mek ist-iyor-um.
Ankara-nach gehen-Infinitiv wollen-Ggw-ich
Ich möchte nach Ankara fahren.

Iki tane elma ist-iyor-um.
zwei Stück Apfel wollen-Ggw-ich
Ich möchte zwei Äpfel (haben).

„können"

Dieses vielgebrauchte Wort gibt es im Türkischen nicht. Was nun? Sehen wir uns die Sache genauer an und beginnen wir wie immer mit einem Beispiel:

Bunu yaz-abilir mi-siniz?
das-Akk schreiben-können ?-ihr
Können Sie das aufschreiben?

Auch hier hilft also wieder mal eine „Nachsilbe" (die diesmal aus zwei Silben besteht):

-(y)abil-, -(y)ebil- können

Jetzt braucht man nur noch die Personenendungen der Gegenwartsform anzuhängen, und fertig ist die ganze Form.

„Kann sein" ist ein Ausdruck, den manche Dutzende Male am Tag gebrauchen. Auf gut Türkisch:

Olabilir.	Kann sein.
Bu da olabilir.	Das könnte auch sein. Das geht auch.

Die Endungen, die in dieser Form verwendet werden, gehören übrigens zum r-Präsens.

„müssen“

Auch für diese Modalfunktion gibt es eine eigene „Nachsilbe“ im Türkischen:

-malı-, -meli- müssen

Git-meli-yim.
gehen-müssen-ich
Ich muss gehen.

Tren hemen hareket et-meli.
Zug sofort Abfahrt machen-müssen=er
Der Zug müsste sofort abfahren.

Yarın çok erken kalk-malı-yız.
morgen sehr früh aufstehen-müssen-wir
Wir müssen morgen sehr früh aufstehen.

cenk unver@Fotolia.com

Türkische Geldscheine und Münzen

Zahlen

Vielleicht erübrigt sich hier jeder Kommentar: Das Zahlensystem ist – wie so vieles in der türkischen Grammatik – logisch und erstaunlich konsequent aufgebaut. Man braucht sich eigentlich nur die Bezeichnungen für die Grundziffern und die Zehnerstellen („zehn, zwanzig, dreißig,...") zu merken und kann dann den Rest ganz einfach nach folgendem Prinzip konstruieren: Man gibt einfach von links nach rechts erst die Zahl der Hunderter, dann die Zahl der Zehner und schließlich die Zahl der Einer an – ohne irgendeinen Einschub, Zusatz oder Bindeglied. Und damit hat es sich dann schon.

1	**bir**	11	**on bir**
2	**iki**	12	**on iki**
3	**üç**	13	**on üç**
4	**dört**	14	**on dört**
5	**beş**	15	**on beş**
6	**altı**	16	**on altı**
7	**yedi**	17	**on yedi**
8	**sekiz**	18	**on sekiz**
9	**dokuz**	19	**on dokuz**
10	**on**	20	**yirmi**

21	**yirmi bir**	30	**otuz**
22	**yirmi iki**	40	**kırk**
23	**yirmi üç**	50	**elli**
24	**yirmi dört**	60	**altmış**
25	**yirmi bes**	70	**yetmiş**
26	**yirmi altı**	80	**seksen**
27	**yirmi yedi**	90	**doksan**
28	**yirmi sekiz**		
29	**yirmi dokuz**	0	**sıfır**

100	**yüz**
1000	**bin**
10 000	**on bin**
100 000	**yüz bin**
1 000 000	**bir milyon**

Ordinalzahlen

Diese werden von den Kardinalzahlen abgeleitet, indem man daran die Nachsilbe -(i)nci / -(ı)ncı / -(u)ncu / -(ü)ncü anfügt. Der eingeklammerte Vokal wird weggelassen, wenn die vorhergehende Silbe schon auf einen Vokal endet.

bir-inci	der / die / das erste
iki-nci	der / die / das zweite
üç-üncü	der / die / das dritte
dörd-üncü	usw.
beş-inci	
altı-ncı	

Halbe

Es gibt gleich zwei unterschiedliche Ausdrücke:

yarım wird immer dann gebraucht, wenn es sich lediglich um eine einzige Hälfte handelt:

Und „Viertel" heißt auf Türkisch çeyrek.

yarım kilo domates
ein halbes Kilo Tomaten

buçuk wird dagegen verwendet, wenn es sich um eine volle Zahl plus einer Hälfte handelt:

bir buçuk kilo domates
eineinhalb Kilo Tomaten

Präpositionen

Präpositionen gibt es im Türkischen überhaupt nicht, weil das Türkische nämlich nur Postpositionen kennt – oder man sowieso alles ganz anders macht. Postpositionen heißen sie deswegen, weil sie nicht vor dem Bezugswort (prä-) sondern danach stehen (post-).

Wie im Deutschen stehen einige mit dem Genitiv, andere mit dem Dativ, wieder andere mit dem Akkusativ usw., d. h. die von der Postposition „regierten" Bezugswörter müssen in dem entsprechenden Fall erscheinen.

Postpositionen mit dem Dativ
-(y)e / -(y)a

kadar	bis (zu / nach)

Otobüs Ankara'ya kadar gid-iyor.
Bus Ankara-Dat bis gehen-Ggw
Der Bus fährt bis Ankara.

Şimdi-ye kadar gel-me-di.
jetzt-Dat bis kommen-nicht-Verg
Bis jetzt ist er nicht gekommen.

Yarın-a kadar kal-ıyor-um
morgen-Dat bis bleiben-Ggw-ich
Ich bleibe bis morgen.

Postpositionen mit dem Ablativ
-den / -dan / -ten / -tan

başka	außer

Bun-dan başka bir şey iste-m-iyor mu-sun?
dies-von außer ein Ding wollen-nicht-Ggw ?-du
Willst du außerdem nichts mehr?

Hasan'dan başka kimse gel-m-iyor mu?
Hasan'von außer jemand kommen-nicht-Ggw ?
Kommt außer Hasan niemand (mehr)?

beri	seit

saat iki-den beri
Stunde zwei-von seit
seit zwei Uhr

Çarşamba-dan beri burada kal-ıyor-uz.
Mittwoch-von seit hier bleiben-Ggw-wir
Seit Mittwoch halten wir uns hier auf.

İki yıl-dan beri mi türkçe öğren-iyor-sun?
zwei Jahr-von seit ? Türkisch lernen-Ggw-du
Seit zwei Jahren lernst du Türkisch?

önce	vor (zeitl.)
ondan önce	davor
çarşambadan önce	vor Mittwoch
sonra	nach (zeitl.)
ondan sonra	danach
öğleden sonra	nachmittag(s)

Postpositionen mit Nominativ / Genitiv

Einige der Postpositionen verlangen ein Substantiv in den unveränderten Grundform (Nominativ). „Regieren“ jedoch dieselben Präpositionen ein Pronomen, muss dieses in der Genitiv-Form stehen.

gibi	wie

Hüseyin gibi	wie Hüseyin

Deli gibi çalış-ıyor.
verrückt wie arbeiten-Ggw
Er arbeitet wie ein Verrückter.

Paşa gibi davran-ıyor-sun
Pascha wie verhalten-Ggw-du
Du verhältst dich wie ein Pascha.

onun gibi	wie dieser hier

benim gibi bir insan
ich-Gen wie ein Mensch
ein Mensch wie ich

için	für, wegen
onun için	für ihn, seinetwegen, deswegen
Mehmet için	für / wegen Mehmet

Anne-si için bir hediye ar-ıyor-um.
Mutter-seine für ein Geschenk suchen-Ggw-ich
Ich suche ein Geschenk für seine Mutter.

hakkında	betreffs, über, in bezug auf

Politika hakkında konuş-ma-yalım!
Politik über sprechen-nicht-WUNSCH=wir
Lass(t) uns nicht über Politik sprechen!

Onun hakkında bir şey bil-m-iyor-um
dies-Akk über ein Sache wissen-nicht-Ggw-ich
Darüber weiß ich nichts.

Leider ist die Auswahl an Postpositionen im Türkischen recht bescheiden, und gerade die, die man oft bräuchte, existieren überhaupt nicht. Vielmehr müssen ihre Bedeutungen durch etwas kompliziertere Konstruktionen wiedergegeben werden. Dafür gleich ein paar Beispiele:

ev-in iç-in-e
Haus-Gen Inneres-sein-Dat
ins Haus hinein

masa-nın alt-ın-da
Tisch-Gen Unteres-sein-in
unter dem Tisch

Wie kommen diese Ausdrücke zustande? Zunächst mal gibt es im Türkischen eine Reihe von Substantiven, die irgendeine räumliche Beziehung ausdrücken. Diese sind:

iç	Inneres
dış	Äußeres
üst	Oberes, Oberseite
alt	Unteres, Unterseite
ön	Vorderes, Vorderseite
arka	Hinteres, Hinterseite, Rücken
orta	Mitte
ara	Zwischenraum
karşı	Gegenüber, gegenüberliegende Seite
yan	Seite, Flanke

Nun kann man ja auch im Deutschen sagen: „in der Mitte des Raumes" oder: „im Innern des Hauses". Wenn man diese Ausdrücke direkt übersetzt, kommen genau die Konstruktionen dabei heraus, die man oben in den Beispielen findet.

Und schließlich können auch die einfachen Fallendungen einer deutschen Präposition entsprechen: ev-de *(Lokativ) „im Haus"*

„im Haus drinnen"	**ev-in için-de**
„ins Haus"	**ev-in için-e**

Ilhan Balta@Fotolia.com

Impressionen

Wortbildung

Für den unaufgeklärten Anfänger ist es meist reichlich verwirrend, dass viele ähnlich klingende türkische Wörter unterschiedliche Bedeutungen haben, die aber oft auch wieder inhaltlich miteinander zusammenhängen. Die Schwierigkeit liegt dabei unter anderem darin, die Prinzipien zu erkennen, nach denen solche Wörter aufgebaut bzw. voneinander abgeleitet sind.

Sehen wir uns unsere eigene Sprache an: Aus dem Wort „Ahn“ sind eine ganze Reihe anderer Wörter abgeleitet, z. B. „ähneln“, „ähn-lich“, „Ähn-lich-keit“. Im Deutschen und in den meisten indoeuropäischen Sprachen kann man allerdings nicht ohne weiteres mit jedem beliebigen Wort solche Ableitungen vornehmen.

Das ist im Türkischen anders: Erstens gibt es eine viel größere Anzahl solcher Wortbildungsregeln, und zweitens sind viele davon auf alle oder fast alle Wörter anwendbar. Das hat natürlich den Vorteil, dass man dementsprechend weniger Vokabeln lernen muss, weil man sich teilweise seine Wörter selbst „machen“ kann.

Natürlich haben sich mit der Zeit die Bedeutungen einiger solcher häufig vorkommender neugebildeter Wörter auch verändert, so dass nicht alles so ganz nach „Schema F“ abläuft. Trotzdem können einige dieser Regeln ein gutes Stückchen weiterhelfen, wenn es Ihnen nichts ausmacht, auch mal danebenzutreffen – wenigstens wird es so eher gelingen, sich verständlich zu machen.

Wie Sie sich sicher schon gedacht haben, werden die Wortveränderungen durch Nachsilben bewerkstelligt. Hier sollen nur ein paar vorgestellt werden, die man dafür fast ohne Einschränkungen benutzen kann.

-ci / -cı / -cu / -cü / -çi / -çı / -çu / -çü

Diese Endung kann man also an Substantive anhängen. Das neue Wort bezeichnet dann jemanden, der mit der jeweiligen Sache gewöhnlich oder professionell (oft als Hersteller bzw. Verkäufer) zu tun hat.

iş	Arbeit
işçi	Arbeiter
ekmek	Brot
ekmekçi	(Brot-)Bäcker
süt	Milch
sütçü	Milchmann
yol	Weg
yolcu	Reisender
yumurta	Ei
yumurtacı	Eierverkäufer
su	Wasser
sucu	Wasserverkäufer
simit	Sesamkringel
simitçi	Sesamkringelverkäufer

-ce / -ca / -çe / -ça

Türk	Türke, türkisch
Türkçe	Türkisch (Sprache)
Alman	Deutscher, deutsch
Almanca	Deutsch (Sprache)

İngiliz	Engländer, englisch
İngilizce	Englisch (Sprache)
Fransız	Franzose, französisch
Fransızca	Französisch (Sprache)
İspanyol	Spanier, spanisch
İspanyolca	Spanisch (Sprache)
Yunan	Grieche, griechisch
Yunanca	Griechisch (Sprache)

Angehängt an Völkernamen erhält man die Bezeichnung für die Sprache des betreffenden Volkes. Achtung: Die einfachen Nationalitätenbezeichnungen können niemals für die Sprache stehen!

tarzan	Tarzan (Dschungelvolk, bisher erst ein einziges bekanntes Exemplar)
tarzanca	Tarzanisch (So nennen die Türken die grammatisch gebrochene Sprechweise, derer sich wohl auch Sie zunächst bedienen werden.)

-lik / -lık / -luk / -lük

güzel	schön	**güzellik**	Schönheit
bir	ein	**birlik**	Einheit
hasta	krank	**hastalık**	Krankheit
pis	schmutzig	**pislik**	Schmutz
zor	schwierig	**zorluk**	Schwierigkeit
insan	Mensch	**insanlık**	Menschlichkeit
asker	Soldat	**askerlik**	Militärdienst
yolcu	Reisender	**yolculuk**	Reise
göz	Auge	**gözlük**	Brille
söz	Wort	**sözlük**	Wörterbuch

Diese Endung wird also – ähnlich wie „-heit, -keit" – im Deutschen gebraucht, um aus Adjektiven und konkreten Substantiven abstrakte Substantive zu bilden. „Abstrakt" darf dabei allerdings nicht allzu wörtlich genommen werden (s. „Brille", „Wörterbuch"). Doch überlassen wir solche eher spitzfindigen Definitionsfragen anderen – das Grundprinzip ist sicherlich einigermaßen klar geworden, und auf mehr soll es hier ja nicht ankommen.

Übrigens wird diese Nachsilbe auch oft zur Bildung allgemeiner Berufsbezeichnungen gebraucht:

şoförlük	Beruf des Chauffeurs
öğretmenlik	Beruf des Lehrers

ikthus2010@Fotolia.com

Felsengräber in Demre (Myra), Provinz Antalya

-li / -lı / -lu / -lü

Dies bedeutet soviel wie „(ausgestattet) mit..."

akıl	Verstand
akıllı	verständig, klug
ev	Haus
evli	verheiratet
renk	Farbe
renkli	farbig, bunt
resim	Zeichnung, Bild
resimli	mit Zeichnungen/Bildern, illustriert
yaş	Alter
yaşlı	alt
fark	Unterschied
farklı	anders, unterschiedlich
çeşit	Art, Sorte
çeşitli	verschieden(artig)
güç	Kraft, Stärke
güçlü	kräftig, stark
tuz	Salz
tuzlu	salzig

Das Gegenteil davon („ohne", „un-") wird ausgedrückt mit der folgenden Nachsilbe:

-siz / -sız /-suz / -süz

akılsız	unverständig, unklug
farksız	ohne Unterschied, gleich
resimsiz	ohne Bilder
renksiz	farblos
tuzsuz	ohne Salz, ungesalzen

Zusammengesetzte Substantive

Sehen wir uns zunächst ein paar Beispiele an:

çöp kutu-su	**at araba-sı**
Müll Kasten-sein	*Pferd Wagen-sein*
Mülleimer	Pferdewagen
kül tabağ-ı	**ev kadı-nı**
Asche Teller-ihre	*Haus Frau-sein*
Aschenbecher	Hausfrau

Nach diesem Prinzip kann man also beliebig Wortzusammensetzungen bilden: Man nimmt die beiden Wörter, stellt sie in der richtigen Reihenfolge hintereinander und versieht das zweite mit der Zugehörigkeits-Nachsilbe. Noch ein paar Beispiele? Werfen wir einfach einen Blick auf die türkische Speisekarte:

patlıcan kızartma-sı	**biber dolma-sı**
Aubergine Gebratenes-ihr	*Paprika Gefülltes-ihr*
Brataubergine	gefüllte Paprika
fıçı bira-sı	**peynir böreğ-i**
Fass Bier-sein	*Käse Pastete-sein*
Bier vom Fass	Käse-Blätterteig-Pastete

Genug davon! Wer Appetit bekommen hat, möge sich im Kapitel „Essen und Trinken“ weitere Anregungen holen.

Zeitangaben

Jahreszeiten

ilkbahar	Frühling
ilkbaharda	im Frühling
yaz	Sommer
yazın	im Sommer
sonbahar	Herbst
sonbaharda	im Herbst
kış	Winter
kışın	im Winter

Monate

ocak	Januar
şubat	Februar
mart	März
nisan	April
mayıs	Mai
haziran	Juni
temmuz	Juli
ağustos	August
eylül	September
ekim	Oktober
kasım	November
aralık	Dezember

ay	Monat
haziranda	im Juni
ekimde	im Oktober

Zeitangaben

Die einfachste Form, ein genaues Datum anzugeben, ist die folgende:

Tag des Monats + Monatsname + Jahreszahl

bir ocak iki bin on bir
eins Januar zwei tausend zehn eins
1. Januar 2011

gün *heißt „Tag",* -ü *ist wiederum die Zugehörigkeits-Silbe, da wir es hier mit Wortzusammensetzungen zu tun haben.*

Wochentage

pazar (günü)	Sonntag
pazartesi (günü)	Montag
salı (günü)	Dienstag
çarşamba (günü)	Mittwoch
perşembe (günü)	Donnerstag
cuma (günü)	Freitag
cumartesi (günü)	Sonnabend

Tageszeiten

sabah	Morgen
öğle	Mittag
akşam	Abend
gece	Nacht
sabahta	am Morgen
sabahleyin	morgens
akşamda	am Abend
akşamleyin	abends
gecede, geceleyin	in der Nacht, nachts
öğlede, öğleyin	am Mittag, mittags

Obwohl es im Türkischen keine eigenen Wörter für „Vormittag“ und „Nachmittag“ gibt, lassen sich entsprechende adverbiale Bestimmungen dennoch bilden, nämlich so:

öğle-den sonra
Mittag-von nachher
nachmittags, am Nachmittag

öğle-den önce
Mittag-von vorher
vormittags, am Vormittag

Historische Straßenbahn in Istanbul

Touristenboote am Strand von Antalya

Außer den festen Redewendungen werden Sie in diesem Teil vor allem eine Reihe von Vokabeln finden, die - im Unterschied zum Wörterverzeichnis am Ende - nach Situationen bzw. Themen geordnet sind, so dass man im Bedarfsfall nicht erst alles mühsam zusammensuchen muss, sondern gleich das Wichtigste auf einen Blick parat hat.

Zustimmung & Verständigung

Zustimmung

Wie im Deutschen gibt es auch im Türkischen eine ganze Reihe von Ausdrücken und Wörtern, mit denen man Aussagen und Vorschlägen zustimmt, etwas bekräftigt oder sein Einverständnis gibt. Sie lassen sich eigentlich nicht richtig übersetzen – allerdings sind sie auch nicht immer gegenseitig austauschbar.

Mit einem Smartphone können Sie sich die mit einem gekennzeichneten Sätze dieses Kapitels anhören. Scannen Sie einfach den QR-Code mit Hilfe einer kostenlosen App (z. B. „Barcoo" oder „Scanlife").

Tamam.
Einverstanden, in Ordnung, o.k.

Ol-ur.
werden-Ggw=es
In Ordnung, abgemacht.

Ol-du.
werden-Verg=es
Gut, o.k., alles klar, also. (wenn man ein Thema bzw. ein Gespräch beenden will)

Ol-sun.
werden-WUNSCH=es
So soll es sein, (na) gut, meinetwegen.

Tabii.
Natürlich, klar, selbstverständlich.

Emin-im
sicher-ich
(Ich bin) sicher.

Verständigung

Efendim?
Wie bitte?

Achtung: es gibt eine gleichlautende Anrede!

Anla-m-ıyor-um.
verstehen-nicht-Ggw-ich
Ich verstehe nicht.

Tekrar et!
Wiederholung machen=BEFEHL=du
(Mach / Sag das) noch einmal!

(Daha) yavaş konuş, lütfen!
mehr langsam sprechen=BEFEHL=du bitte
Sprich bitte langsam(er).

... ne demek?
was sagen ...
Was heißt ... ? Wie sagt man ... ?

anderes

Fark et-mez.
Unterschied machen-Ggw=nicht=es
Das ist egal. Das macht nichts.

Boş ver!
frei geben=Befehl=du
Lass gut sein! Schon gut!
Mach dir nichts draus!

Önem-li değil.
Wichtigkeit-mit nicht
Das ist nicht wichtig.

Dikkat (et)!
Vorsicht machen=BEFEHL=du
Achtung! Vorsicht! Gib acht!

Bana ne?
mir was
Was geht mich das an?

Ne ol-du?
was werden-Verg=es
Was ist los? Was ist passiert?

Sana ne?
dir was
Was geht dich das an?

Bak-alım.
sehen-WUNSCH=wir
Wollen (wir) mal sehen! Mal sehen!

... nerede?
Wo ist ...?

Bil-m-iyor-um.
wissen-nicht-Ggw-ich
Ich weiß nicht.

Etwas verbieten (yasaklamak) *können nur Autoritäten wie der Staat, die Polizei oder Respektspersonen.* Ayıp *ist dagegen alles, was die allgemeine Moral verletzt und damit jeden Türken (oder Moslem) potentiell beleidigt.*

Burada (bir) ... var mı?
hier ein es=gibt ?
Gibt es hier (ein) ...?

Ne ist-iyor-sun?
was wollen-Ggw-du
Was willst du? Was möchtest du?

Yorgun-um.
müde-ich
Ich bin müde.

... ist-iyor-um
wollen-Ggw-ich
Ich möchte/will ...

... yasak.
... ist verboten

... ayıp.
... ist schändlich

Höflichkeit

Sie hat einen hohen Stellenwert in der Türkei. Nicht zu verwechseln mit Freundlichkeit, besteht sie in der Einhaltung ganz bestimmter, festgelegter Umgangsformen. Wer höflich ist, bezeugt damit seine Achtung und seinen Respekt vor anderen Personen. Jede Nicht-Erfüllung von Regeln der Höflichkeit hat genau den gegenteiligen Effekt der beabsichtigten Wirkung. Wenn man sich also nicht von vornherein unbeliebt machen will, sollte man darauf achten, dass man sich besonders die Höflichkeitsrituale abguckt, einprägt und mitmacht – damit wird man sich Anerkennung und ein gutes Verhältnis zu seiner Umgebung sichern.

Besonders gegenüber Leuten mit höherem Status und von seiten der Männer gegenüber Frauen ist unbedingte Höflichkeit angebracht: im ersten Fall, um niemanden zu beleidigen, im zweiten Fall, um die nötige Distanz zum anderen Geschlecht aufrecht zu erhalten. Gerade letzteres wird in der Türkei sehr ernstgenommen: Ungebührliche Nähe zu einer weiblichen Person beschmutzt nicht nur deren Ehre, sondern ebenfalls die ihrer ganzen Familie, und hat dementsprechend schroffe Reaktionen zur Folge. Ein Mann, der sich einer Frau in irgendeiner Form unsittlich nähert, ist womöglich seines Lebens nicht mehr sicher, und zwar durchaus im wörtlichen Sinn.

Mit einem Smartphone können Sie sich die mit einem gekennzeichneten Sätze dieses Kapitels anhören.

Das hat sich natürlich in den Städten sehr stark verändert. Auch in der Türkei beklagen sich Alte und Landbevölkerung über den Verfall von Sitten und Moral - nicht ohne Grund. Genaueres dazu findet man noch in dem Abschnitt zur Einführung in die Kultur der Türkei. Kommen wir erstmal zur sprachlichen Seite der Höflichkeit:

Entschuldigung

Affed-er-siniz.
entschuldigen-Ggw-ihr
Entschuldigen Sie.
(als Einleitung einer Bitte, z. B. um Auskunft)

Özür dil-er-im.
Entschuldigung bitten-Ggw-ich
Ich bitte um Verzeihung.

Pardon.
Pardon
(gilt als schick, weil französisch – auf dem Land ungebräuchlich).

Kusur-a bak-ma-yın(ız)!
Fehler-Dat sehen-nicht-BEFEHL=ihr
Nehmen Sie es mir nicht übel!

Isteyerek ol-ma-dı.
wollend werden-nicht-Verg=es
Das wollte ich nicht!

Antworten

Önem-i yok.
Wichtigkeit-seine es=gibt=nicht
Ist nicht wichtig, macht nichts.

Mühim değil.
wichtig nicht
Ist nicht wichtig, macht nichts.

Fark et-mez.
Unterschied machen-nicht=Ggw=es
Ist egal, macht nichts.

Glückwunsch / Beileid

Göz-ün aydın.
Auge-dein leuchtend
(sagt man, wenn man jemandem ein ihn betreffendes glückliches Ereignis mitteilen will, wird aber auch ironisch verwendet!)

Tebrik ed-er-im.
Glückwunsch machen-Ggw-ich
Ich gratuliere!

Tebrikler!
Glückwünsche!

... -(y)e / -(y)a kutl-ar-ım.
-Dat beglückwünschen-Ggw-ich
Herzlichen Glückwunsch / Alles Gute zu(m)...

(Yeni yıl-ınız) kutlu ol-sun!
neu Jahr-euer Heil werden-WUNSCH
Alles Gute zum neuen Jahr.

Çok üzgün-üm.
sehr traurig-ich
Das tut mit aber leid.

Çok üzül-dü-m.
sehr traurig-Verg-ich
Das tut mir leid.

Sagt man, wenn man hört, dass einer der Anwesenden oder ein Bekannter krank geworden ist oder ihm ein Unglück zugestoßen ist.

Geçmiş ol-sun!
vergangen werden-WUNSCH=es
„Möge es vorbeigehen!"

Freude / Bedauern

(Çok) memnun ol-du-m.
sehr zufrieden werden-Verg-ich
Es hat mich sehr gefreut.
Ich bin sehr zufrieden.

El-iniz-e sağlık*
Hand-eure-Dat Heil

**Sagt man, wenn man bei jemandem zu Gast ist und das angebotene Essen loben will.*

Çok güzel ol-muş.
sehr schön werden-Verg=es
Es ist sehr schön gewesen.

Ne yazık.
was schade
Wie schade.

Bitte / Dank

Sigara iç-me-yin, lütfen.
Zigarette rauchen-nicht-BEFEHL=ihr bitte
Bitte rauchen Sie nicht.

Bana bir tane ekmek ver-ebil-ir mi-siniz?
mir ein Stück Brot geben-können-Ggw ?-ihr
Können Sie mir einen Laib Brot geben?

Oda-lar-ınız-ı bana göster-ebil-ir mi-siniz?
Zimmer-PL-eure-Akk mir zeigen-können-Ggw ?-ihr
Können Sie mir Ihre Zimmer zeigen?

Sağ ol.
gesund werden-BEFEHL=du
Danke (informell)

Teşekkür ed-er-im.
Dank machen-Ggw-ich
Ich danke.

Sağ ol-un.
gesund werden-BEFEHL=ihr
(formell, bei Anrede mit „Sie“)

Teşekkür-ler.
Dank-PL
Danke.

Sağ ol-unuz.
gesund werden-BEFEHL=ihr
(besonders formell)

Ausdrücke, die das Wort Allah enthalten, entstammen der religiösen Tradition. Sie werden deswegen häufig von jüngeren, säkularen Türken vermieden. Auf dem Lande, in der älteren Generation und generell in religiös-konservativen Kreisen sind sie jedoch sehr gebräuchlich.

Allah gönlü-n-ün murad-ın-ı ver-sin.
Gott Herz-dein-Gen Wunsch-sein-Akk geben-WUNSCH=er
Gott möge deinen Herzenswunsch erfüllen.

Allah razı ol-sun.
Gott zufrieden werden-WUNSCH=er
Gott möge zufrieden sein.

Mersi.
Danke.
(schick, weil französisch; wird gerne von der jüngeren Stadtbevölkerung verwendet.)

Bir şey değil.
ein Ding nicht
Nicht der Rede wert. Keine Ursache.
(Erwiderung auf „danke")

JK@Fotolia.com

Nemrut-Berg im Taurusgebirge

Begrüßen & Verabschieden

Begrüßungen sind gewissermaßen Rituale des Alltags. Sie bestehen nicht nur aus den eigentlichen Grußworten, sondern gleichzeitig aus deren Erwiderung – die im Türkischen in manchen Fällen anders lautet als die Begrüßung selbst. Und schließlich sollen sie in den meisten Fällen auch ein Gespräch einleiten: man fragt nach dem Befinden, nach Neuigkeiten usw. Wer sich der Floskeln nicht bedient, gilt schnell als unhöflich und stößt auf Ablehnung.

Zuerst die eigentlichen Grußworte; einige von ihnen sind reine Begrüßungs-, andere reine Abschiedsfloskeln, wieder andere können in beiden Fällen benutzt werden:

Günaydın.
Tag=hell
Guten Morgen (bis zum Vormittag).

Merhaba.
Hallo! (Allerweltsbegrüßung)

İyi gün-ler.
gut Tag-PL
Guten Tag (vom Vormittag bis zum späten Nachmittag, wird zur Begrüßung und zum Abschied verwendet).

İyi akşam-lar.
gut Abend-PL
Guten Abend.
(vom frühen Abend bis zum Einbruch der Dunkelheit, Begrüßung und Abschied).

İyi gece-ler.
gut Nacht-PL
Gute Nacht
(Abschiedsgruß am späten Abend).

Gilt in rechtsnationalistischen Kreisen manchmal als typisch linker Gruß!

Selam.
Hallo.

Die traditionelle islamische Begrüßungsformel ist:

Ankommender:	**Selâmünaleyküm.**
Anwesender:	**Aleykümselâm.**

Die Verwendung dieser Grußformel zeigt, dass der Sprecher sich an den islamischen Glauben und seine Formen gebunden fühlt. Sie wird viel von älteren Männern und auf dem Lande benutzt, neuerdings aber im Zuge der religiösen Erneuerungsbewegung auch vermehrt unter streng gläubigen Moslems jeglichen Alters.

Es gibt mehrere solcher Grußformeln, die aus Paaren bestehen. Ist ein Bestandteil des Paares geäußert worden, muss der Gesprächspartner mit dem zweiten Teil antworten. Wer von beiden Gesprächspartnern nun welchen „Part“ übernimmt, hängt davon ab, wer neu hinzukommt, bzw. wer schon anwesend ist. Ein weiteres solches Paar ist:

Anwesender: **Hoş gel-di-n / -niz)!**
wohl kommen-Verg-du (-ihr)
Sei/seien Sie willkommen!

Ankommender: **Hoş bul-du-k!**
wohl finden-Verg-wir
Wir sind gut angekommen!

Diese Begrüßung wird nur benutzt, wenn man als Gast in ein Haus kommt.

Gute Freunde (gleichen Geschlechts!) oder Verwandte, die sich lange Zeit nicht gesehen haben, begrüßen sich mit Umarmungen und – je nach Vertrautheit – angedeuteten oder auch echten Küssen auf beide Wangen.

Ältere (Respekts-)Personen werden, wenigstens nach längerem Nicht-Sehen oder bei formellen Festlichkeiten (Feiertage usw.), von den Jüngeren mit Handkuss begrüßt, wobei man die geküsste Hand des anderen an die eigene Stirn führt.

Nach der Begrüßung folgt fast obligatorisch die Frage nach dem Befinden – zumindest, wenn man sich nicht schon einmal am selben Tag gesehen hat. Sie lautet:

Nasıl-sın / -sınız?
wie-du / -ihr
Wie geht es dir / Ihnen?

Kötü!
Schlecht!

Sağ ol, iyi-yim.
Segen sei gut-ich
Danke, (mir geht es) gut.

Hiç sor-ma!
jemals fragen-nicht=BEFEHL=du
Frag bloß nicht!

Pek iyi değil-im
sehr gut nicht-bin=ich
Nicht so gut, nicht sehr gut

Die Frage **nasılsın?** ist relativ förmlich und wird unter guten Bekannten häufig ersetzt durch z. B. folgende Fragen:

Ne haber?
was Nachricht
(ungefähr: Na, wie sieht's aus?)

Antworten darauf: (Wem es besonders gut geht, der sagt gleich alles auf einmal.)

Sağlık.	Gesundheit.
İyilik.	Wohlbefinden.
Güzellik.	Schönheit.

Zum Abschied sagt man (zusätzlich zu den oben schon aufgeführten Ausdrücken):

Gehender:

Allahaısmarladık!	Gott befohlen! (sprich: **allasmarladık**)

Bleibender:

güle güle (git)	(Geh) lachend!

Anstelle des religiös motivierten **Allahaısmarladık** kann man auch sagen:

Hoşça kal!
wohl bleiben=BEFEHL=du
Leb wohl!
(wenn man sich für längere Zeit trennt).

Eyvallah!
Tschüss!

Görüş-ür-üz!
sehen=sich-Ggw-wir
Wir sehen uns!

Anrede

In der Türkei redet man sich selten mit dem Namen an. Allenfalls benutzt man diese Form der Anrede unter Gleichaltrigen. Ansonsten bevorzugt man förmliche Anreden.

efendi(m)	(mein) Herr
hanımefendi	(meine) Dame,
beyefendi	(mein) Herr

(noch förmlicher als efendi*)*

Diese Anreden drücken Unterwürfigkeit aus und werden vor allem gegenüber Respektspersonen wie Beamten, Polizisten, Offizieren, usw. gebraucht. Aber auch offensichtliche Statusunterschiede verlangen vom Niedrigstehenden, dass er sich dieser Anrede bedient. „Noble" Dienstleistungsunternehmen verlangen von ihren Angestellten, alle Kunden so zu titulieren. Gegenüber Frauen ist die förmliche Anrede häufiger üblich. Meist dienen aber folgende Verwandtschaftsbezeichnungen als Anrede:

ağabey	(großer) Bruder
abla	(große) Schwester

sagt man zu älteren Angehörigen der eigenen Generation.

amca	Onkel
teyze	Tante

sagt man zu Angehörigen der älteren Generation.

nine	Oma
dede	Opa

sagt man zu Leuten, die bereits ein „ehrwürdiges“ Alter erreicht haben.

kardeş	(kleine) Schwester, (kleiner) Bruder

sagt man zu jüngeren Angehörigen der gleichen Generation.

kızım	mein Mädchen, Tochter
oğlum	mein Junge, Sohn
çocuğum	mein Kind
yavrum	mein Kleines

benutzt man zur Anrede von sehr viel Jüngeren.

Der jeweils Ältere ist auch immer der, dem nach dem türkischen Sittenkodex mehr Ehrerbietung und Respekt gebührt. Die Anrede ist also ebenso wie die Höflichkeitsformeln Ausdruck von sittlicher Haltung und Achtung der Würde des Anderen. An der Vielfalt der türkischen Anredeformen zeigt sich darüberhinaus eine wesentliche Eigenart der türkischen Sozialstruktur: Neben den Klassenunterschieden, die in den formellen Anredeformen Ausdruck finden, ist jede Lebensgemeinschaft (auch jede Familie!) stark bestimmt von einer festen Rangordnung, in der Geschlecht und Alter die Größen sind, die einen hohen Rang verschaffen.

Oft werden diese Anredeformen dem Vornamen der betreffenden Person nachgestellt, zumindest bei der Anrede älterer Personen. Die Anrede mit dem einfachen Namen ist dagegen nur zwischen Gleichaltrigen üblich. Aber auch dort sagt man oft: arkadaş(ım) *„(mein) Freund“, auch wenn man ihn gar nicht kennt.*

Alte Männer stehen ganz oben auf dieser Skala, während alte Frauen selten mehr Respekt genießen als jeder andere junge, unverheiratete Mann. Unverheiratete Mädchen und Kinder haben schließlich überhaupt nichts „zu melden". (Was allerdings gar nichts über die gefühlsmäßigen Beziehungen zwischen Angehörigen auch unterschiedlicher Generationen aussagt!)

Man wird Schwierigkeiten damit haben, immer das Alter der Gesprächspartner einschätzen zu müssen. Im Zweifelsfall benutzt man die Anrede, die ihn zum Älteren macht. Seien Sie aber darauf gefasst, dass ein 40-jähriger, den man mit dede (Opa) anredet, mit verletzter Eitelkeit reagieren wird!

Die bei uns häufigste Anrede mit „Herr ...." ist in der Türkei vollkommen unüblich. Sie wird schon deswegen wenig gebraucht, weil sie zusammen mit den festen Familiennamen erst in den 1920er Jahren gesetzlich eingeführt wurde. Sie wird im Grunde nur wichtig im Zusammenhang mit amtlichen Vorgängen; im Alltagsleben spielt sie kaum eine Rolle. Sie lautet:

bay ...	Herr ...
bayan ...	Frau ...

Ausrufe & Gesten

Was ein richtiger Türke ist, der versteht es, ganze Gespräche zu führen, ohne einen einzigen Ton von sich zu geben. Die Mimik und Gestik wird aber auch in „richtigen" Gesprächen zur lebendigen Unterstützung des Gesagten gebraucht. Leider sind diese Ausdrucksformen nur sehr umständlich zu beschreiben. Ich will es dennoch bei einigen fast Unentbehrlichen probieren:

1. kurzes Hochziehen der Augenbrauen (manchmal begleitet von einem leichten Schnalzen „th") = Nein.
2. leichtes, schnelles Schütteln des Kopfes (manchmal begleitet von einem fragenden „hee" oder „haa") = Wie? Was? Versteh ich nicht. Was meinst du?
3. kreisende Bewegung mit der nach oben offenen, gespreizten Hand (oft mit einem lang gezogenen „oohoo") = Mein lieber Mann! Oft auch eine Geste der Anerkennung, Bewunderung.
4. Aneinanderreiben der nach vorne ausgestreckten Zeigefinger drückt eine enge Beziehung zwischen irgendwelchen Dingen aus.
5. leichtes Winken mit der ausgestreckten Hand, wobei der Handrücken nach oben zeigt = Komm her!

Neben diesen (und weiteren) Gesten sind folgende Ausrufe besonders wichtig:

Maşallah!	(arab.: mit Gott) Lob, Segenswunsch
Allah Allah!	mein Gott! meine Güte !
Vallahi (billahi)!	Doch! Und ob! Glaub mir!
ouffff	O je! Au weia! Aua!
th (geschnalzt)	Nein!
th ... th ... th ...	Also nein! Nun sieh dir das an!
öff ... th ... th ... th	Meine Güte! Das gibt's doch gar nicht!
hadi	Los! Auf!
hadi be	Ach geh! Los, los

Beschimpfungen

Es ist wohl nicht nötig, darauf hinzuweisen, dass man mit Beschimpfungen und Flüchen nicht vorsichtig genug sein kann. Vor allem darf man nicht den Fehler machen, von der deutschen Übersetzung auszugehen, um zu beurteilen, wie gravierend ein Schimpfwort ist. Um die gröbsten Fehler zu vermeiden, finden sich hier zwei Listen: eine mit Ausdrücken, die man bei passender Gelegenheit schon einmal verwenden kann, und eine zweite, die nur dazu da ist, damit man im Notfall weiß, was sie heißen, die man aber niemals verwenden sollte, und wenn sie noch so angebracht erscheinen. Jeder, dem sie entgegengebracht werden, ist zu Recht ernsthaft beleidigt, und man ist vor nichts mehr sicher. Lassen Sie sich auf keinen Fall in einen ernsthaften Streit ein, wenn Sie Handgreiflichkeiten vermeiden wollen. Seien Sie sich darüber im Klaren, dass Ihr Gegner sich immer aus der Schlinge wird ziehen können, auch wenn die nicht gerade zimperliche Polizei oder Militär eingeschaltet wird. Jeder andere in seiner Situation würde das Blaue vom Himmel herunterlügen, um Ihnen die Schuld in die Schuhe zu schieben und Sie können nichts dagegen machen. Falls Sie jemand wirklich belästigt, beschimpfen Sie ihn einfach lauthals auf deutsch. Er wird zwar nichts verstehen, aber er wird mitkriegen, dass Sie sich nicht einfach alles gefallen lassen. Meist werden Sie damit Erfolg haben, zumal wenn andere Leute in der Nähe sind.

Schimpfworte, die man gebrauchen kann

sapık	Verrückte(r), Psycho
manyak	Idiot, Blödmann
namuzsuz	Ehrloser
eşek	Esel
eşoğlu eşek	Eselskind Esel
eşek herif	Eselskerl

Can-ın cehennem-e!
Seele-dein Hölle-Dat
Zur Hölle mit deiner Seele!

Rahat bırak beni!
ruhig lassen=BEFEHL-du mich
Lass mich in Ruhe!

Allah iki göz-ün-ü kor et-sin!
Gott zwei Auge-dein-Akk blind machen-WUNSCH=er
Gott soll dich auf beiden Augen erblinden lassen!

Allah ceza-sın-ı ver-sin!
Gott Strafe-seine-Akk geben-WUNSCH=er
Gott soll ihn bestrafen!

Allah bela-nı ver-sin!
Gott Unglück-Akk geben-WUNSCH=er
Gott möge Unglück über dich bringen!

Allah kahret-sin!
Gott verfluchen-WUNSCH=er
Gott soll (dich, ihn, ...) verfluchen!

Defol!
Hau ab!

Sus!
Schweig!

Ağz-ın-ı kapat!
Mund-dein-Akk schließen-BEFEHL=du
Halt deinen Mund!

Çık buradan!
hinausgehen-=BEFEHL=du von=hier
Mach, dass du wegkommst!

ayıp
Schande!

ist die Bezeichnung für alles, was ungehörig, sittenwidrig und schändlich ist.

Der Ausdruck ist immer mit einer gewissen moralischen Entrüstung verbunden.

Lan ist ein unübersetzbarer Kraftausdruck, der im argo, dem türkischen „Slang", häufig gebraucht, aber von „anständigen" Leuten nicht gern gehört wird. Obwohl er eher Füll- als Schimpfwort ist, gilt er als vulgär.

Schimpfworte, die man nicht benutzen sollte

köpek	Hund
it	Köter
domuz	Schwein
ibne	Schwuler
piç	Bastard
bok herif	Scheißkerl
pis herif	Dreckskerl
pis adam	Dreckskerl
pis karı	Drecksweib
pezevenk	Zuhälter
orospu	Hure
kahpe	Nutte
orospu çocuğu	Hurenbalg

Die meisten orientalischen Sitten und Gebräuche findet man in der Türkei nicht mehr in reiner Form wieder. Seit Atatürks Zeiten, dem Staatsgründer der modernen Türkei und deren ersten Präsidenten, wurde von Seiten der Regierung immer wieder versucht, die Türkei zu einem „präsentablen", „zivilisierten" westlichen Staat zu machen.

Egal, wie man zu dieser West- und Modernisierungseuphorie steht – man muss zugeben, dass diese Politik anfänglich durchaus vielversprechend erschien und für viele Türken bessere Lebensverhältnisse brachte. (Allerdings muss man da gleich eine ganze Reihe von Einschränkungen machen, besonders was armenische, kurdische und aramäische Minderheiten betrifft, die teils massakriert wurden, teils schwere Repressionen erfuhren und noch immer erfahren, nicht ohne zum Teil mit Gegengewalt zu reagieren.)

Da die Modernisierungsbemühungen insbesondere auch tief verwurzelte religiöse und kulturelle Normen betrafen, mussten sie oft mit massivem Druck und z. T. gewaltsam durchgesetzt werden. Das Ergebnis ist ein verwirrendes Nebeneinander von teils aggressiv reaktionärem, teils simpel instinktivem Traditionsbewusstsein einerseits, und blinder Negation der eigenen Tradition, gepaart mit naiver West- und Fortschrittsgläubigkeit, oder einfach vollkommenem Traditionsverlust und Orientierungslosigkeit andererseits.

In solchen Bevölkerungsteilen ist die Gefahr besonders groß, dass die übermächtige westeuropäisch-amerikanische „Massenkultur" ungehindert in die Gesellschaft einbricht. Es sind nur Kuriositäten, wenn der „Muezzin" vom Minarett der Moschee das im benachbarten Freilichtkino die neuesten Hollywood-Filme schauende Publikum vergeblich zum Abendgebet ruft. Oder wenn die nach islamischem Brauch beschnittenen kleinen Jungen im offenen amerikanischen Straßenkreuzer durch die Stadt jagen, gefolgt von einem zweiten Wagen, in dem paukend und pfeifend zwei „Zigeuner"-Musikanten den uralten Beschneidungsmarsch ertönen lassen.

Einerseits zerbricht die traditionelle Kultur zusehends, andererseits beweist sie doch immer wieder erstaunliche Zähigkeit und sucht sich ihre Nischen, in denen sie neben allem Neuen weiterlebt. So auch bei einem der Markenzeichen des Orients, beim Feilschen.

Kaufen & Handeln

Natürlich gibt es auch in der Türkei längst Supermärkte, moderne Einkaufszentren, Boutiquen und feste Preise. An vielen Stellen ist es mittlerweile üblich, mit Kreditkarte zu zahlen.

(Bu) kredi kart-ı-yla öde-yebilir mi-yim?
(diese) Kredit Karte-seine-mit zahlen-können ?-ich
Kann ich mit (dieser) Kreditkarte bezahlen?

(Bu) kredi kart-ı geç-iyor mu?
(diese) Kredit Karte-seine gehen-Ggw=sie ?
Kann ich mit (dieser) Kreditkarte bezahlen?

Doch es gibt es nach wie vor auch Basare, fliegende Händler und kleine Nachbarschaftsläden. Und da wird gehandelt. Wer das nicht tut,zahlt schnell das Doppelte oder Dreifache des angemessenen Preises.

Wo und wann darf bzw. muss nun gehandelt werden, wo nicht? Feste Regeln gibt es dafür nicht. Aber auch hier gilt: Je weiter auf dem Land und je weiter im Osten, desto mehr. Dort wo die Ware mit Preisschildern versehen ist oder Preislisten existieren, wo Marken- und Serienprodukte verkauft werden, in Warenhäusern, bei Lebensmitteln (außer Obst, Gemüse, Getreideprodukte und Gewürze auf dem Markt in kleinen Orten), überall dort wird im allgemeinen nicht gehandelt.

Gehandelt wird dagegen auf dem Bazar, bei Alt- und Gebrauchtwaren, handwerklichen und kunstgewerblichen Erzeugnissen. Ist man sich unsicher, ob man handeln muss, versuche man es einfach. Man wird schon darauf hingewiesen, dass hier die Devise gilt:

pazarlık yok	kein Handeln

Ein paar Regeln fürs Handeln:

1. Von einem Touristen wird jeder Händler ein Vielfaches dessen verlangen, was er einem Landsmann abnehmen könnte, der sich besser mit den Preisen auskennt. Wer solch einen Preis annimmt, schadet nicht nur sich selbst, sondern provoziert die Händler dazu, die typische **Touristenwucher-Strategie** auf die Spitze zu treiben – was sich dann irgendwann auch auf die Preise für Landsleute auswirkt, die im Vergleich zu den Touristen meist arme Kirchenmäuse sind.

2. Als **Faustregel** kann man davon ausgehen, dass die Ware ungefähr die Hälfte dessen wert ist, was zunächst verlangt wird.

3. Um **Preisnachlass** zu erwirken, ist kein Argument zu weit hergeholt. Man lasse die Phantasie spielen, demonstriere, dass man nur noch soundsoviel Geld bei sich hat, dass man die Ware woanders billiger kriegen könnte, obwohl das im Moment etwas weit zu laufen wäre. Man beklage sich über die finanzielle Misere des Studenten-Daseins oder darüber, dass einem just gestern viel Geld gestohlen wurde und man nun abreisen muss, aber von dem wenigen verbliebenen Geld wenigstens noch ein paar Geschenke für seine Eltern erwerben will. Hauptsache, man versteht es, durch immer wieder neue Einwände und Argumente, den Handel lebendig zu gestalten – es soll nicht nur Ihnen, sondern auch dem Händler Spaß machen!

4. Durch **Kombinationskäufe** lassen sich Preisnachlässe erwirken: Für die dreifache Warenmenge nur den doppelten Preis, usw.

5. **Man zeige sich ernstlich interessiert,** überlege hin und her, ob man sich den horrenden Preis leisten kann, sehe sich zwischendurch andere Dinge an, komme aber immer wieder auf das Wunschobjekt zurück. Verbringen Sie viel Zeit und machen Sie immer wieder deutlich, dass Ihnen der geforderte Preis wirklich zu teuer ist.

Werfen Sie möglichst viele Brocken Türkisch ein, desto eher wird man Sie für kompetent halten.

6. Bleiben Sie **geduldig, freundlich, höflich,** aber bestimmt. Ärgern Sie sich nicht über überhöhte Preisforderungen; sie gehören zum Spiel dazu. Zeigen Sie sich kooperativ und handeln Sie nie, wenn Sie nicht wirklich bereit sind, zu einem fairen Preis zu kaufen (d. h. einem Preis, der zwischen der Forderung und Ihrem Gegenangebot liegt). Man biete also zunächst einiges weniger, als man wirklich zu zahlen bereit ist, damit man noch Spielraum nach oben hat. Ein Preisnachlass ist immer mit einem höheren Angebot zu vergelten. Ein einmal ausgesprochenes Angebot darf man niemals unterschreiten!

7. Wenn kein anderes Mittel mehr hilft, machen Sie Anstalten, sich schweren Herzens ohne Erfolg zu entfernen, wenden Sie sich um, gehen Sie wirklich. In den meisten Fällen wird man zurückgerufen – und bekommt Preisnachlass!

Sollte auch das nicht gelingen, komme man einfach bei Gelegenheit wieder. Man hätte dann durch nichts in der Welt etwas erreicht. Ohne weiteres kann man ein paar Stunden oder einen Tag später wiederkommen. Das ganze Spiel beginnt dann von vorne.

Wenn Sie immer noch erfolglos bleiben, überlegen Sie sich ernsthaft, ob Sie den geforderten Preis zahlen wollen.

8. Bei **wertvolleren Objekten** kaufe man nie ohne einen kompetenten (einheimischen) Berater!

Nun ein paar Satzbeispiele, die weiterhelfen:

... var mı?	**nerede... al-abilir-im?**	**nerede ... bul-abilir-im?**
Gibt es ... /	*wo kaufen-können-ich*	*wo ... finden-können-ich*
Haben Sie ...?	Wo kann ich ... kaufen?	Wo kann ich ... finden?

İki tane yumurta (almak) ist-iyor-um.
zwei Stück Ei (nehmen) wollen-Ggw-ich
Ich möchte zwei Eier (kaufen).

Bana bir şişe şarap ver-ebilir mi-siniz?
mir eine Flasche Wein geben-können ?-ihr
Können Sie mir eine Flasche Wein geben?

Bana kumaş-lar-ınız-ı göster-ebilir mi-siniz?
mir Stoff-PL-eure-Akk zeigen-können ?-ihr
Können Sie mir Ihre Stoffe zeigen?

Maalesef daha para-m yok.
leider mehr Geld-mein es=gibt=nicht
Ich habe leider nicht mehr Geld.

Şunu al-ayım.
dies nehmen-WUNSCH=ich
Das da nehme ich.

n-u iste-m-iyor-um.
das-Akk wollen-nicht-Ggw-ich
Das da will ich nicht.

Bu çok pahalı!
dies sehr teuer
Das ist sehr / zu teuer!

Kilo-su kaç para?
Kilo-sein wieviel Geld?
Wie teuer ist das Kilo (davon)?

Tane-si kaç para?
Stück-sein wieviel Geld?
Wie teuer ist dasStück (davon)?

Başka-sı yok mu?
anderes-sein es=gibt=nicht ?
Haben Sie kein anderes (davon)?

Bu çok güzel.
dies sehr schön
Dies ist sehr schön.

Başka bir ... var mı?
anderes ein es=gibt ?
Haben Sie ein anderes ...?

u güzel değil, hoş-um-agit-m-iyor.
Dies ist nicht schön, es gefällt mir nicht.
dies schön nicht Gefallen-mein-Dat gehen-nicht-Ggw.=es

Bu kaç para? / Bu kaç lira? / Bu kaça?
Wie teuer ist das?

Indirim yap-ıyor mu-sunuz?
Ermäßigung machen-Ggw ?-ihr
Geben Sie es mir billiger?

(satın) almak
gekauft nehmen
kaufen

Orientalische Lampen auf dem ägyptischen Basar in Istanbul

satmak	verkaufen
ekmekçi	Bäcker
fırın	Bäckerei (= Backofen)
kitabevi	Buchladen
kırtasiye	Schreibwaren (-handlung)
dükkân	Laden
mağaza	Kaufhaus
bakkal	Lebensmittel-geschäft
kasap	Fleischer
manav	Obsthandlung
eczane	Apotheke
balıkçı	Fischhändler
pastane	Konditorei
terzi	Schneider
ayakkabıcı	Schuster

Wenn man ein Geschäft sucht, dessen Bezeichnung man nicht kennt, nimmt man einfach das Wort für den Artikel, den man sucht bzw. einen Artikel, der typisch ist für die Art von Geschäft, und hänge daran folgende Nachsilbe:

-cı / -ci / -cü / -cu / -çı / -çi / -çü / -çu

Dadurch erhält man zwar nicht immer die übliche Bezeichnung, aber jeder wird verstehen, was man sucht. Beispiel:=

balık (Fisch) + **-çı** = **balıkçı**
ayakkabı (Schuh) + **-cı** = **ayakkabıcı**

Essen & Trinken

Frühstück

Mit einem Smartphone können Sie sich die mit einem 𝄐 gekennzeichneten Sätze dieses Kapitels anhören.

Das türkische Frühstück (kahvaltı) ist die einzige nicht warme Mahlzeit des Tages. Es sei denn, man nimmt – wie oft auch üblich – eine der vielen Suppen (mit Weißbrot) zu sich. Ansonsten kann es sich aus folgenden Bestandteilen zusammensetzen:

ekmek	(Weiß-)Brot
bal	Honig
tereyağı	Butter
reçel	Marmelade
zeytin	Oliven
peynir	Käse
yumurta	Ei
çay	Tee
beyaz peynir	weißer Käse (Schafskäse)
kaşar peyniri	gelber Hartkäse (Kuhkäse)

küçuk oder **ufak çay**
kleiner Tee (in den typischen Bauchgläsern)

büyük oder **duble çay**
großer Tee (im Wasserglas)

Kaffee (kahve) wird in der Türkei – entgegen allen Vorurteilen – viel weniger getrunken als Tee. Während man überall und bei jeder Gelegenheit ein Glas Tee schlürft, ist Kaffee aufgrund seines viel höheren Preises fast eine Delikatesse.

Seit nämlich die Türkei im ersten Weltkrieg ihre arabischen Kaffeeanbaugebiete verlor, muss Kaffee importiert werden. Das hat nicht immer reibungslos geklappt, so dass er zeitweise sehr knapp war – je nach dem Stand der Handelsbeziehungen. Auf diese Weise ist aus dem sprichwörtlichen Kaffeeland ein Land notorischer und begeisterter Teetrinker geworden. Da beim türkischen Mokka der Zucker mitgekocht wird, muss man bei der Bestellung dazusagen, wie man ihn gerne hätte, nämlich:

şeker-siz
Zucker-ohne
ohne Zucker

orta şeker-li
mittel Zucker-mit
mittelsüß

az şeker-li
wenig Zucker-mit
leicht gezuckert

çok şeker-li
viel Zucker-mit
stark gesüßt

Wer nicht zu Hause frühstückt, kann in einen der speziellen „Frühstücksalons“ (kahvaltı salonu) gehen. Außerdem gibt es in einigen Kleinrestaurants (lokanta) ebenfalls Frühstück. Man kann aber auch selbst einkaufen, was man braucht, und sich dazu im çayhane bzw. çayevi (Teehaus) einen Tee bestellen.

Mittag- und Abendessen

Diese unterscheiden sich nicht prinzipiell, obwohl es üblich ist, erst abends eine große Mahlzeit zu verzehren. Mittags begnügt man sich meist (schon aus Zeitgründen) mit einem kleinen Imbiss.

Im türkischen lokanta bekommt man warme Speisen verschiedenster Art. Die kleineren Betriebe haben allerdings nur eine recht begrenzte Auswahl. Es gibt sogar solche, die nur auf Vorbestellung ihre Küche in Gang setzen (besonders in kleineren Orten).

Die Mahlzeiten werden nur zweimal am Tag jeweils zu den Essenszeiten neu zubereitet und dann in einer Glasvitrine vor der Küche aufgestellt, so dass man sich dort – zur Not mit Fingerzeigen – ein „Menü" aus kleinen Portiönchen zusammenstellen kann. Mit der Zeit werden die Speisen natürlich kalt, lediglich Fleisch wird direkt auf Bestellung hin gegrillt und ist daher immer warm. Die Preise sind festgelegt; in jedem Lokal muss eine Preisliste aushängen.

In Städten findet sich neben dem einfachen lokanta auch das sogenannte restoran. Mit dem Namen verbindet sich zwar eigentlich auch ein höherer Anspruch, der jedoch nicht immer in der Qualität des Essens und des Service, eher jedoch in der Höhe der Preise eingelöst wird.

Ausgesprochene Trinklokale heißen çayhane oder çayevi (Teehäuser), kahvehane oder kıraathane (Kaffeehäuser), und meyhane (Kneipe). Dazu muss man folgendes wissen:

1. Das eigentlich strikte islamische Alkoholverbot wird nur von einer Minderheit konsequent befolgt. Gibt es in vielen Dörfern überhaupt keinen Alkohol (oft auf gemeinsamen Beschluss des Dorfrates), so ist in den Städten und an vielen Orten der Alkoholkonsum etwas ganz Normales geworden. Dennoch ist das alte Tabu insofern noch lebendig, als es zwei Sorten von Lokalen gibt: solche, die Alkohol ausschenken dürfen, und solche, die es nicht dürfen (içkisiz – alkoholfrei). Wer also seinen rakı (türkische Variante des Ouzo) zum Essen nicht entbehren möchte, informiere sich vorher! Ein Bier (bira) ist schon eher auch mal im içkisiz lokanta zu haben.

Dort, wo Alkohol ausgeschenkt wird, gibt es oft eine besondere Abteilung, in der wiederum kein Alkohol getrunken werden soll. Da nämlich Alkoholgenuss moralisch immerhin doch suspekt ist, müssen besonders Frauen und Kinder davor geschützt werden. Mit anderen Worten: Wo Alkohol getrunken wird, ist die Anwesenheit von Frauen und Kindern unerwünscht (und umgekehrt!). Und damit wären wir schon beim zweiten Punkt:

2. Familienleben und öffentliches Leben sind in der Türkei traditionell strikt voneinander getrennt. Der Mann findet sein Hauptwirkungsfeld in der Öffentlichkeit. Alle das Gemeinwesen betreffenden Angelegenheiten werden von den Versammlungen der Männer beraten und besprochen. Teilweise geschieht das

In kleinen Städten und auf dem Lande wird man außer allem bisher genannten nicht viele attraktive Möglichkeiten finden, sich abends bzw. nachts die Zeit zu vertreiben. Besonders in Istanbul jedoch, ebenso in anderen größeren Städten besonders der Westtürkei hat sich in den letzten Jahrzehnten ein reges, durchaus modernes Nachtleben entwickelt, das dem mancher westeuropäischen Metropole in nichts nachsteht. Man findet z. B. neben einer – bescheidenen – Homosexuellen- und Transvestiten-Szene vor allem einfach eine Unmenge von Bars, Clubs usw., also Lokalen, in denen man trinken und tanzen kann, und zwar zu durchaus genießbarer Musik.

in ungezwungener Form bei gegenseitigen Besuchen an der Arbeitsstelle oder während der Arbeitspausen im Teehaus, Lokanta usw., oder auch nach der Arbeit, wenn sich die Männer im größeren Kreise versammeln. Man tauscht wichtige (und weniger wichtige) Neuigkeiten aus, berät anstehende Probleme, trifft Entscheidungen usw. Diese quasi-politische Funktion haben die häufigen Zusammenkünfte der Männer in vielen Dorfgemeinschaften auch heute noch, wobei dem Mann die Aufgabe zufällt, seine Familie nach außen hin zu repräsentieren.

Genauso aber wie die Trennung zwischen Arbeit und Freizeit traditionell viel weniger scharf ist als bei uns, lässt sich auch bei solchen Männertreffen keine direkte Grenze zwischen lockerer Unterhaltung und notwendigem Informations- und Meinungsaustausch ziehen. Zunehmend wandelt sich natürlich dort, wo sich die Lebens- und Arbeitsbedingungen verändern, auch der Charakter dieser Versammlungen: Mehr und mehr degenerieren sie zum rein Unterhaltsamen. Manche verbringen inzwischen ganze Tage mit Spielen wie okey, elli bir und tavla, nicht selten um Geld. Alkoholgenuss wird oft schon am Vormittag zur Regel. Seit einiger Zeit gerät selbst das soziale Element in den Hintergrund, indem nämlich in vielen Teehäusern nicht nur Fernsehapparate, sondern auch Videoanlagen installiert werden, von denen sich die Besucher „berieseln“ lassen.

Frauen und Kindern ist nun der Zutritt zu diesen Männertreffen seit jeher verwehrt gewesen. Mittlerweile gibt es allerdings den Familien-Teegarten (aile çay bahçesi), in denen bestimmte Abteilungen für Familien, d. h. für Frauen und Kinder (oft aber immer noch in männlicher Begleitung) zugänglich sind. In diesen Abteilungen ist, wie gesagt, Alkoholgenuss untersagt.

Frauen, die einen hervorgehobenen Status haben (z.B. Lehrerinnen) und die in entsprechender Angelegenheit anwesend sein müssen, bilden eine Ausnahme. In den Regionen, die unter stärkerem westlichen Einfluss stehen, werden die traditionellen Regeln von mehr und mehr Frauen durchbrochen. Dies fällt zwar immer noch auf und ruft Verwunderung und Neugierde hervor, wird aber nur sehr selten als anstößig aufgefasst. Allerdings gibt es heutzutage auch eine konservativ-islamische Gegenbewegung, bedingt vor allem durch Zuwanderung vom Land auch in den Städten.

Von ausländischen Frauen wird in den Städten dennoch – im Gegensatz zu den ländlichen Gebieten, besonders im Osten – die Einhaltung der Regeln nicht unbedingt erwartet. Dennoch sollte man vorsichtig sein: Ein zu offensichtlich „ignorantes“ Verhalten gegenüber traditionellen Geboten der Sittlichkeit kann doch immer wieder dazu führen, dass eine Frau als „unanständig" gesehen wird, was entweder zu schroffer Ablehnung oder aber zu unerwünschten Annäherungsversuchen führen kann. Die Filmkultur Hollywoods trägt das Ihrige zum Klischee der „leichten" westlichen Frau bei.

yemek	1. essen 2. Essen, Mahlzeit, Speise
yemek yapmak	Essen machen
yemek yemek	Essen zu sich nehmen
içmek	1. trinken (auch Suppen werden getrunken!)
(sigara) içmek	2. rauchen
aç	hungrig
tok	satt
susamak	durstig sein
kahvaltı	Frühstück
kahvaltı yapmak	Frühstück machen (zubereiten)
kahvaltı etmek	frühstücken
öğle yemeği	Mittagessen
akşam yemeği	Abendessen
çayhane, çayevi	Teehaus
(aile) çay bahçesi	(Familien-)Teegarten
meyhane	Kneipe
kıraathane, kahvehane	Kaffeehaus
kahvaltı salonu	Frühstücksstube
köfteci	Köfte-Stube
köfte	Hackfleischbällchen
pastahane, pastane	Konditorei (meist mit Sitzplätzen)
pide salonu	Pide-Stube
pide	längliche Fladenbrote, die mit Käse, Hackfleisch und anderer Auflage gebacken werden („türkische Pizza")

taze	frisch	**tabak**	Teller
yağlı	fett	**tencere**	Topf
yağsız	mager, fettarm	**bardak**	Glas
zayıf	mager, leicht	**fincan**	Tasse
tatlı	süß	**bıçak**	Messer
tuz	Salz	**çatal**	Gabel
tuzlu	salzig	**kaşık**	Löffel
tuzsuz	ungesalzen	**temiz**	sauber
acı	scharf, bitter	**pis**	schmutzig
acısız	nicht scharf, mild	**gazoz**	Brause
ekşi	sauer	**bira**	Bier
şeker	Zucker	**fiçi birası**	Bier vom Fass
şekerli	gesüßt	**şarap**	Wein
yumuşak	weich, mürbe, zart		
sert	zäh, trocken, hart		

... und noch ein paar Spezialitäten:

mantı	gefüllte Nudeln mit Yoghurt und Ei
lahmacun	Mehlfladen, in die man Hackfleisch, Zwiebeln, Petersilie einrollt
güveç	Rindfleischeintopf mit Gemüse
imam bayıldı	(„der Imam fiel in Ohnmacht") gefüllte Auberginen mit viel Knoblauch
börek	Blätterteigrolle
etli börek	Blätterteigrolle mit Fleisch gefüllt
peynirli börek	Blätterteigrolle mit Schafskäse gefüllt
sigara böreği	(„Zigarettenbörek") kl. gefüllte Blätterteigröllchen
turşu	sauer Eingelegtes (Gurken, aber auch anderes Gemüse; wird von fliegenden Händlern auf der Straße verkauft)
sütlaç	Milchreis

Karn-ım aç.
Bauch-mein hungrig
Ich habe Hunger.

Yakında bir lokanta var mı?
in=der=Nähe ein Lokal es=gibt ?
Gibt es in der Nähe ein Lokal?

Yemek-ler-iniz-e bak-abilir mi-yim?
Essen-PL-eure-Dat sehen-können ?-ich
Darf ich mal Ihre Speisen sehen?

Bundan bir porsiyon bana getir-ebilir mi-siniz?
das-von eine Portion mir bringen-können ?-ihr
Bringen Sie mir eine Portion davon?

Su da getir-ebilir mi-siniz?
Wasser auch bringen-können ?-ihr
Können Sie mir auch Wasser bringen?

Afiyet ol-sun!
Gesundheit werden-WUNSCH
Guten Appetit! Wohl bekomm's!

Hesap, lütfen!	Die Rechnung, bitte!
Garson!	Ober! (nur in vornehmen Restaurants)
Usta!	Meister! (klingt gegenüber Jüngeren ironisch)
Şef!	Chef! (das ist etwas salopp)
Arkadaş!	Freund! (sollte man nur zu Gleichaltrigen oder Jüngeren sagen)

In einem türkischen Haushalt

Normalerweise sind nur Frauen mit der Zubereitung des Essens beschäftigt, wie überhaupt alles, was auch bei uns zu den typischen Hausfrauentätigkeiten gehört, ausnahmslos von Frauen erledigt wird. In Dingen, die die Haushaltsführung betreffen, ist die Frau allerdings nicht nur „Arbeitstier". Sie selbst bestimmt, wie, wann, in welcher Reihenfolge, von wem usw. die anfallenden Arbeiten zu verrichten sind. Gleichzeitig ist sie auch die entscheidende Person, der es obliegt, wie das private Familienleben abläuft. Letztlich ist sie diejenige, die hier für die „menschliche Komponente" sorgt.

Der Mann hat nur dann Grund einzugreifen, wenn irgendwelche äußeren Belange betroffen sind. Er ist dafür verantwortlich, dass der Ruf der Familie, der sich auf die äußere Einhaltung der moralischen und sittlichen Normen gründet, erhalten bleibt. Insofern ist er wiederum davon abhängig, dass sich seine Familienmitglieder entsprechend verhalten. Schwerwiegende Verstöße gegen Sittlichkeitsgebote, die von einem der Familienmitglieder begangen werden, gehen gewissermaßen „auf sein Konto": Er ist derjenige, der dabei ebenso ein Stück von seiner Ehre verliert.

Da nun der Mann für alles verantwortlich ist, was irgendwelche Berührungspunkte der Familie mit Personen nach außen hin betrifft, tritt er oft auch in Aktion, wenn besondere Gäste im Hause sind. Bei einem richtigen Gastmahl kann es sogar sein, dass die Männer der Familie die Speisen zubereiten und auftragen.

Gegessen wird in einfachen Landhaushalten so gut wie immer auf dem Fußboden. An einer besonders dafür hergerichteten Stelle wird das sofra aufgebaut, ein Tischersatz, der manchmal nur aus einem besonderen Tuch, manchmal aus einem erhöhten Tablett, manchmal auch aus einem Holzgerüst besteht. Um das sofra herum setzt man sich auf den mit Teppichen, Kelims und Tüchern ausgelegten Fußboden und isst oft gemeinsam aus einem Topf (manchmal mit den Händen).

Der Gast wird zuerst bedient (abgesehen von ganz kleinen Kindern, die von solchen Regeln noch ausgenommen sind). Als nächstes bedienen sich die Männer in der Reihenfolge ihres Ranges innerhalb der Familie. Zum Schluss kommen die Frauen und Kinder, die bei feierlichen Anlässen oft sogar später und getrennt von den Gästen die Reste der Mahlzeiten zu sich nehmen oder sogar ganz etwas anderes (nämlich weniger Aufwendiges) essen.

Vom Gast wird erwartet, dass er verbal durch nicht zu sparsames Lob und durch den Verzehr einer angemessenen Menge die Freigiebigkeit des Gastgebers honoriert. Gleichzeitig sollte er aber – ohne darüber ein Wort zu verlieren – darauf achten, dass für die anderen Familienmitglieder genug bleibt, auch wenn ihm dabei immer noch der größere Anteil zusteht.

Man wird als Gast immer wieder aufgefordert, mehr zu nehmen – das verlangt die Gastfreundschaft. Selbst wenn man im Grunde satt ist, sollte man den Aufforderungen nachgeben, solange man weniger verzehrt hat als die anderen. Nehmen Sie daher niemals eine Einladung zum Essen an, wenn Sie keinen Appetit haben. Bedanken Sie sich überschwenglich für die Einladung, bedauern Sie, dass Sie sie nicht wahrnehmen können, da Sie bereits gegessen haben. Und bitten Sie darum, die Einladung auf den nächsten Tag zu verschieben.

Nach beendeter Mahlzeit lobt der Gast die Hausfrau mit den Worten:

El-iniz-e sağlık!
Hand-eure-Dat Heil
Segen über Ihre Hände!

Während des islamischen Fastenmonats ramazan darf nur vor Sonnenauf- und nach Sonnenuntergang gegessen werden (dafür dann aber um so mehr). Passen Sie sich dieser Regel an und essen Sie nicht in Gegenwart anderer. Dasselbe gilt in dieser Zeit fürs Rauchen. Alkoholgenuss, der eigentlich sowieso nicht gestattet ist, wird in der Zeit des ramazan besonders ungerne gesehen.

Das türkische Badehaus

Noch immer gibt es in fast allen Kleinstädten jeglicher Größe die traditionellen türkischen Badehäuser (hamam). Sie werden allerdings von jungen Leuten kaum noch frequentiert. Trotzdem: Zum einen können sie für den Reisenden durchaus eine kulturelle Attraktion an sich sein, zum anderen bieten sie Gelegenheit, dort, wo es im Sommer an Wasser mangelt oder sonst keine Möglichkeit zu ausgiebiger Körperhygiene besteht, sich für relativ wenig Geld einmal recht gründlich mit heißem Wasser zu waschen.

Der wichtigste Teil eines hamam ist ein runder Kuppelraum, in dem ständig heißer Wasserdampf aufsteigt. Der ganze Raum ist meistens mit Marmor ausgefliest. An den Seiten befinden sich Marmorbänke, auf die man sich zum Waschen setzt. Am Ende einer jeden Bank ist ein kleines Wasserbecken angebracht, in das man heißes oder kaltes Wasser einlaufen lassen kann. Mit einer flachen Metall- oder Plastikschale schöpft man das Wasser aus dem Becken und übergießt sich. In der Mitte des Raumes steht ein großer Marmortisch, auf den man sich vor Beginn der Waschprozedur legen kann, um erst einmal richtig ins Schwitzen zu kommen, denn man geht nicht nur ins hamam, um sich zu säubern, sondern vor allem auch, um sich auszuruhen und zu entspannen. Wer das ganz ausgiebig tun will, kann sich nicht nur von einem Bediensteten waschen lassen (das geschieht mit einem besonders harten Lappen, der einem mit Sicherheit auch den größten Dreck von der Haut kratzt!), sondern er wird sich hinterher nach allen Regeln der Kunst auch noch massieren lassen. Beide „Programme" sind natürlich mit einem Aufpreis verbunden, außerdem erwartet der Masseur selbstverständlich ein kleines Trinkgeld.

In Einzel- oder Sammelkabinen zieht man sich um und hüllt sich in ein Baumwolltuch, das man sich um die Lenden wickelt. Männer dürfen dieses selbst beim Waschen nicht abnehmen bzw. müssen darauf achten, dass wenigstens die Genitalien ständig bedeckt sind. Bei Frauen soll es dagegen üblich sein, dass man sich auch gegenseitig beim Waschen hilft – hier ist es dann auch offenbar kein Tabu, sich gegenseitig nackt zu sehen.

Oft bekommt man vor dem Eintreten in den Kuppelraum schon ein Handtuch, so dass man dieses nach dem Waschen gegen das durchnässte eintauscht. In anderen Badehäusern ist es üblich, dass ein Helfer einem am Ausgang des Waschraumes das nasse Tuch abnimmt und gegen ein trockenes austauscht. Ein weiteres Tuch wird um den Kopf gebunden, und noch eines über die Schultern gelegt. So eingewickelt begibt man sich in seine Umkleidekabine, legt sich dort auf die Bank und ruht sich erstmal – auf Wunsch bei einem Glas Tee oder Limonade – von der anstrengenden Prozedur aus und gewöhnt sich wieder an normale Temperaturen. Erst danach beginnt man, sich abzutrocknen und anzuziehen.

Natürlich herrscht im hamam strikte Geschlechtertrennung! In Orten mit mehreren Badehäusern gibt es welche für Frauen und andere für Männer. Wo es nur ein hamam gibt, sind für die Geschlechter bestimmte Zeiten reserviert.

Der Besuch des hamam gilt bei einigen Landleuten als sittlich suspekt, da davon ausgegangen wird, dass man sich beim Waschen voreinander „entblößt", was nach traditionellen Geboten der Sittlichkeit strenggenommen nicht zugelassen werden kann. Oft suchen diese Leute statt dessen das sogenannte banyo auf, wo man Einzelkabinen mit Dusche (duş) oder Badewanne (kuvet) für sich allein mieten kann.

kese	harter Frotteewaschlappen, mit dem man gewaschen wird
masaj	Massage
havlu	Handtuch
sabun	Seife (kann man sich gegen Abrechnung geben lassen)

Kendi kendi-m-e yıkanmak ist-iyor-um.
selbst selbst-mein-Dat waschen=sich wollen-Ggw-ich
Ich möchte mich selbst waschen.

Toiletten

Die traditionellen türkischen Toiletten sind Hockklos (umgangssprachlich alaturka tuvalet). Man stellt sich in Hockstellung mit den Füßen auf einen - eventuell vorhandenen - speziellen Toilettenstein, von dem das Wasserloch eingefasst ist. Toilettenpapier ist nicht vorhanden, statt dessen wird man einen Wasserbehälter oder sogar fließendes Wasser finden, mit dem man sich unter ausschließlicher Zuhilfenahme der linken Hand säubert. Daran liegt es auch, dass man mit der linken Hand keine Speisen berühren oder andere Leute begrüßen sollte.

In den globalisierten Lebenswelten der modernen Großstädte, insbesondere im Tourismussektor, findet man natürlich mittlerweile auch die westlichen Sitztoiletten mit Wasserspülung (umgangssprachlich alafranga tuvalet).

bayanlar	Damen
kadınlar	Frauen
baylar	Herren
erkekler	Männer

Tuvalet nerede?
Toilette wo
Wo ist eine Toilette?

Burada tuvalet var mı?
hier Toilette es=gibt ?
Gibt es hier eine Toilette?

Unterwegs

Mit einem Smartphone können Sie sich die mit einem gekennzeichneten Sätze dieses Kapitels anhören.

Die Türkei hat zwar ein sehr schlecht ausgebautes und umständlich und langsam funktionierendes Schienennetz, dafür aber ein recht gutes Straßennetz, so dass die meisten größeren Strecken bequemer mit den häufig verkehrenden Reisebussen zurückgelegt werden können. Auf kleineren Strecken werden oft Klein- und Minibusse eingesetzt. In jedem größeren Ort, der angefahren wird, gibt es mehrere Reisebüros verschiedener privater Reisegesellschaften, die aber zu festgelegten Preisen fahren, so dass es bis auf minimale Unterschiede im Service eigentlich gleichgültig ist, mit wem man fährt.

Auf kurzen Strecken und auf bestimmten festgelegten Routen innerhalb der Städte verkehren Minibusse oder große PKW nach dem dolmuş-Prinzip. Wörtlich heißen diese Verkehrsmittel „gefüllt", denn sie fahren erst dann los, wenn sie – manchmal zum Platzen – voll sind.

Ein „richtiges" Taxi (taksi) ist natürlich um einiges teurer. Taxameter sind gesetzlich vorgeschrieben; es empfiehlt sich jedoch, ein Auge darauf zu haben, dass er auch tatsächlich eingeschaltet ist. Außerdem versuchen manche Taxifahrer, durch das Fahren von Umwegen zusätzlich Geld zu verdienen. Benutzen Sie möglichst nur die offiziellen (gelbfarbenenen) Taxis, um schlimmere Überraschungen zu vermeiden. Man kann Busse anhalten (das ist allgemein üblich), wenn man das Gefühl hat, anders nicht mehr weiter zu kommen. Allerdings muss man natürlich einen angemessenen Anteil der Fahrtkosten zahlen, und nicht alle Fahrer nehmen Anhalter mit.

Saat on-da gitmek ist-iyor-um.
Stunde zehn-in gehen wollen-Ggw-ich
Ich möchte um zehn Uhr fahren.

Ankara'ya kadar bir bilet kaç para?
Ankara'Dat bis ein Fahrkarte wieviel Geld
Was kostet eine Fahrkarte bis Ankara?

Otobüs Ankara'ya ne zaman var-ıyor?
Bus Ankara'Dat wann ankommen-Ggw=er
Wann kommt der Bus in Ankara an?

Seyahat büro-su nerede?
Reise Büro-ihr wo
Wo ist ein Reisebüro?

Tren hangi peron-dan hareket ed-iyor?
Zug welcher Bahnsteig-von
Bewegung machen-Ggw=er
Von welchem Bahnsteig fährt der Zug ab?

Ankara'ya gitmek ist-iyor-um
Ankara'Dat gehen wollen-Gg.-ich
Ich möchte nach Ankara fahren.

Ne zaman kalk-ıyor?
wann abfahren-Ggw=er
Wann fährt er ab?

Ankara'ya otobüs gid-iyor mu?
Ankara-Dat Bus gehen-Ggw ?
Fahren Busse nach Ankara?

Daha boş yer var mı?
noch frei Platz es=gibt ?
Gibt es noch freie Plätze?

Man unterscheidet im Türkischen sprachlich nicht zwischen Schülern und Studenten.

Öğrenci bilet-i var mi?
Schüler Karte-ihre es=gibt ?
Gibt es Schülerkarten?

otobüs	Autobus
minibüs	Minibus
araba	Wagen, Auto
tren	Zug
uçak	Flugzeug
gemi, **vapur**	Schiff
feribot	Fähre
hava alanı	Flugplatz
hava limanı	Flughafen
liman	Hafen
iskele	Anleger
durak	Haltestelle
istasyon	Bahnhof
garaj, **otogaraj**	Busbahnhof

kalkmak	aufstehen, abfahren
hareket etmek	losgehen, losfahren
gelmek	(an)kommen
binmek	einsteigen
inmek	aussteigen
bagaj	Gepäck
gişe	Schalter
bilet	Fahrkarte,
gidiş dönüş bileti	Rückfahrkarte
peron	Bahnsteig, Bussteig
yolcu	Reisender
yolculuk, **seyahat**	Reise
gitmek	gehen, fahren
...-le/-la gitmek	mit ... fahren (mit dem Zug, dem Auto etc.)
dönmek	zurückkehren
dolu	voll
meşgul	besetzt
boş	frei

... mit dem eigenem Auto

En yakın benzinci nerede?
am=meisten nah Tankwart wo
Wo ist die nächste Tankstelle?

Doldur-un, lütfen!
füllen-BEFEHL=ihr bitte
Volltanken bitte!

Yirmi beş litre normal benzin, lütfen!
zwanzig fünf Liter Normal Benzin bitte
Fünfundzwanzig Liter Normal, bitte!

Bir arıza var.
ein Panne es=gibt
Ich habe eine Panne.

Bana yardım ed-ebilir mi-siniz?
mir Hilfe machen-können ?-ihr
Können Sie mir helfen?

Bir kaza ol-du.
ein Unfall werden-Verg
Es ist ein Unfall passiert.

Motor çalış-m-ıyor.
Motor arbeiten-nicht-Ggw=er
Der Motor springt nicht an.

İki kişi yaralan-dı.
zwei Personen verletzt=werden-Verg
Zwei Personen sind verletzt.

Übersetzungen von wichtigen Hinweisschildern:

ölüm tehlike-si	**yasak bölge**	**yol yapımı**
Tod Gefahr-sein	*verboten Zone*	*Weg Herstellung*
Lebensgefahr	Sperrzone	Straßenbau

yavaş gid-iniz	**tamirat**	Baustelle
langsam gehen-BEFEHL=ihr	**tek yön**	Einbahnstraße
Langsam fahren!	**park yapılmaz**	Parken verboten

kurşunuz benzin	bleifreies Benzin
normal benzin	Normalbenzin
süper	Super
mazot	Diesel
yağ	Fett, Öl
eksoz	Auspuff
fren	Bremse
lastik	Reifen
motor	Motor (oft auch Bezeichnung für jedes Motorfahrzeug)
lamba	Lampe, Licht
dişliler	Getriebe
kayış, kolan	Keilriemen
radyatör	Kühler
radyatör suyu	Kühlwasser
şanziman, kuplaj	Kupplung
tekerlek	Rad
karbüratör	Vergaser
buji	Zündkerze
kontak	Zündung
... çalışmıyor.	... funktioniert nicht.
benzin	Benzin
benzinci	Tankstelle, Tankwart
(araba) tamirhane(si)	(Kfz-)Werkstatt
... bozuk.	... ist kaputt.

Unterkunft

Mit einem Smartphone können Sie sich die mit einem ℗ gekennzeichneten Sätze dieses Kapitels anhören.

Wildes Campen ist in der Türkei offiziell verboten. Dennoch wird man mit der Zeit einen Blick für Stellen bekommen, an denen es dennoch relativ gefahrlos möglich ist. Trotzdem ist davon im allgemeinen abzuraten. Das Problem sind dabei gar nicht so sehr die Gefahren durch Kriminelle, sondern auch das Interesse der türkischen Ordnungs- und Sicherheitskräfte, das man auf diese Weise wecken könnte.

Es gibt in der Türkei verschiedene Möglichkeiten, für unsere Verhältnisse sehr billig Unterkunft zu finden. Neben dem otel (was dem Komfort und der Einrichtung nach nicht immer den Namen „Hotel" verdient), gibt es die pansiyon. Sie ist meist in touristisch interessanten Orten zu finden. Der einzige Unterschied zum otel: Sie ist eigentlich für den Wochenend- oder Urlaubsaufenthalt von Familien gedacht. Dementsprechend steht den Gästen eine Küche mit Herd und ein Kühlschrank zur Verfügung.

In ländlichen Orten, wo sich weder das eine noch das andere findet, sollte man einen Dorfbewohner ansprechen und fragen, wo man übernachten kann. Oft wird man Sie gastfreundlich aufnehmen, doch legen Sie es nicht darauf an: Die meisten haben sowieso nicht mehr, als sie selbst zum Leben brauchen, oft noch nicht einmal das.

Wenn man keine private Übernachtungsmöglichkeit findet, sollte man Kontakt mit dem muhtar (dem von den Dorfbewohnern bestimmten Dorfvorsteher) aufnehmen. Er ist für alle Ortsangelegenheiten der erste Zuständige. Überall, wo Polizei oder Gendarmerie (jandarma) stationiert ist, kann es passieren, dass diese sich mehr für einen interessieren, als einem lieb ist. Es kommt sogar vor, dass einem dann der weitere Aufenthalt am Ort verboten wird, weil man sich unbeabsichtigt verdächtig gemacht hat. Allerdings sind solche Vorfälle mittlerweile seltener als noch in den vergangenen Jahrzehnten.

otel	Hotel
pansiyon	Pension
kamp yeri	Zeltplatz
yatak	Bett
oda	Zimmer
duş	Dusche
sıcak	heiß, warm
soğuk	kalt
su	Wasser
tuvalet	Toilette
boş (oda)	frei(es Zimmer)
banyo	Bad
anahtar	Schlüssel
yorgan	(Bett)Decke
çarşaf	Laken
yastık	Kissen
mutfak	Küche
buz dolabı	Kühlschrank

karavan	Wohnwagen
çadır	Zelt
yer	Platz, Ort
kurmak	aufstellen

tek yatak-lı oda
einzeln Bett-mit Zimmer
Einzelzimmer

çift yatak-lı oda
Paar Bett-mit Zimmer
Doppelzimmer

üç yatak-lı oda
drei Bett-mit Zimmer
Drei-Bett-Zimmer

Banyo nerede?
Bad wo
Wo ist das Bad?

Sıcak su var mı?
heiß Wasser es=gibt ?
Gibt es heißes Wasser?

Boş bir oda-nız var mı?
frei ein Zimmer-euer es=gibt ?
Haben Sie einZimmer frei?

Oda-lar-a bak-abilir mi-yim?
Zimmer-PL-Dat sehen-können ?-ich
Darf ich die Zimmer sehen?

Bank, Post & Telefon

Bank (banka)

para	Geld
para birimi, birim	Währung
bozuk para	Kleingeld
para bozmak *Geld kaputtmachen*	Geld wechseln (in Kleingeld)
para değiştirmek	Geld wechseln (von einer Währung in eine andere)
nakit	Bargeld
çek	Scheck
seyahat çeki	Reisescheck
çek bozdurmak	Scheck einlösen
kredi kartı	Kreditkarte
imza	Unterschrift
imza atmak *Unterschrift werfen*	unterschreiben
kasa, vezne	Kasse
bankamatik	Geldautomat
Euro	Euro (sprich: „yuro“)
Türk Lirası	Türkische Lira
İsviçre frangı	Schweizer Franken

Euro-yu Lira-yla değiştir-ebilir mi-siniz?
Euro-Akk Lira-mit wechseln-können ?-ihr
Können Sie mir Euro in Lira wechseln?

Post (postane)

mektup	Brief
kartpostal	Postkarte
paket	Paket
pul	Briefmarke
adres	Adresse
gönderen	Absender
alıcı	Empfänger
göndermek	schicken
posta kutusu	Briefkasten
postacı	Briefträger
ekspres mektup	Eilbrief
uçak postası(yla)	(per) Luftpost
ekspres mektup olarak	als Eilbrief
ücret	Gebühr

elli liralık pul
fünfzig Lira=heit Briefmarke
Fünfzig-Lira-Briefmarke

Telefon & Handy

Telefonzellen gibt es vornehmlich in zwei Versionen. Da gibt es zum einen die mittlerweile selten gewordenen alten Münztelefone, die aber nicht mit Geld, sondern mit Spezialchips (jeton) gefüttert werden müssen. Die Chips bekommt man auf dem Postamt in drei Größen: kleine (küçük jeton), mittelgroße (normal jeton) und große (büyük jeton). Auch für ein kurzes Auslandsgespräch sollte man sich schon mit einem Dutzend großer Chips eindecken.

Praktischer sind da natürlich die inzwischen häufig anzutreffenden Kartentelefone. Die Telefonkarten (telefon kartı) gibt es ebenfalls auf dem Postamt. Schließlich findet man besonders an touristischen Zentren und Verkehrsknotenpunkten auch Kreditkarten-Telefonzellen.

telefon	Telefon
telefon etmek	telefonieren
telefon konuşması	Telefongespräch
jeton	Chip, Münze (für Fernsprechautomaten)
telefon kartı	Telefon-Karte
cep telefonu	Mobiltelefon, Handy
sim kart	SIM-Karte
hazır kart	Prepaid-Karte

Hazır kart-ı nereden al-abilir-im?
fertig Karte-Akk woher nehmen-können-Ggw=ich
Wo kann ich eine Prepaid-Karte bekommen?

Sim kart-ı nereden al-abilir-im?
SIM Karte-Akk woher nehmen-können-Ggw=ich
Wo kann ich eine SIM-Karte bekommen?

Computer & Internet

Wie in vielen anderen Bereichen ist die Türkei auch hinsichtlich der Verbreitung der sogenannten neuen Medien ein Land, in dem alles zugleich vorkommt: modernste apparative Ausstattung und fortschrittlichste Formen des Einsatzes einerseits, und das fast völlige Fehlen jedes Hinweises darauf, dass so etwas wie Computer überhaupt existieren. Für den Reisenden kann folgende Faustregel gelten: In mittleren bis großen Städten wird er in der gesamten Türkei auf eine mehr oder weniger brauchbare Infrastruktur stoßen, also ohne allzu große Schwierigkeiten ein Internetcafé (auch in der Türkei: internet kafe), von dem aus er seine Mails abrufen und abschicken, Internet-Recherchen durchführen und in der Regel auch chatten kann. Schwierig kann es allerdings auf dem Lande werden, und da – ganz grob gesagt – je weiter man in den Osten und Südosten kommt, desto schwieriger.

Für den Chatter vielleicht wichtig: MSN und Yahoo-Messenger sind neben dem speziell in der Türkei auch recht populären ICC-Messenger viel benutzte Chat-Programme. Man wird sie also auf vielen PCs – auch in Internet-Cafés – schon vorinstalliert finden.

Die Ausstattung ist in der Regel ausreichend gut. Breitband-Internetanschlüsse wird man allerdings zur Zeit oft noch vergeblich suchen: Telefon-Modem ist gegenwärtig noch Standard. Die Software entspricht den internationalen Standards, die meisten Programme arbeiten mit englischsprachiger Oberfläche, so dass kaum sprachliche Probleme anfallen dürften.

Die Nutzungszeit wird informell gemessen, abgerechnet wird überwiegend einfach nach angebrochenen Stunden.

En yakın internet café nerede?
am=meisten nah Internet Café wo
Wo ist das nächste Internetcafè?

İnternet-i kullanmak ist-iyor-um.
Internet-Akk benutzen wollen-Ggw-ich.
Ich möchte das Internet benutzen?

İnternet-in saatlik ücret-i kaç?
Internet-Gen stündlich Gebühr-sein wieviel?
Wie teuer ist die Internetbenutzung pro Stunde?

Şu konu-da bir problem-im var.
das=da Sache-in ein Problem-mein es=gibt.
Ich habe bei der Sache da ein Problem.

Bu program-ı nasıl aç-abilir-im?
dies Programm-Akk wie öffnen-können-Ggw=ich
Wie kann ich dieses Programm öffnen?

internet bağlantısı	Internetanschluss
interneti kullanmak	das Internet benutzen
bilgisayar	Computer
e-mail	E-Mail
bakmak	ansehen
yazmak	schreiben
göndermek	(ab)schicken
saat	Stunde
yazıcı, printer	Drucker
kâğit	Papier
dosya(yı) açmak	(die) Datei öffnen
dosya(yı) basmak	(die) Datei ausdrucken

Krank sein

Mit einem Smartphone können Sie sich die mit einem gekennzeichneten Sätze dieses Kapitels anhören.

Falls man ernsthaft krank werden sollte, verlasse man sich lieber nicht auf die Heilkünste von Laien und zweifelhaften Privatdoktoren. Sehen Sie zu, dass Sie in die nächste möglichst große Stadt kommen – am besten gleich ins Krankenhaus. Dort werden Sie sich mit Sicherheit dann auch auf Englisch oder Französisch verständigen können.

Da es sich in der Türkei noch immer viele ärmere Menschen, vor allem auf dem Land, nicht leisten können, einen Arzt aufzusuchen, bleiben oft auch schwere Krankheiten und Verletzungen unbehandelt, bzw. man versucht ihnen mit „Naturheilverfahren“ oder ganz einfach mit Gebeten und Beschwörungen beizukommen. Es könnte daher sein, dass niemand versteht, warum Sie unbedingt einen teuren Arzt aufsuchen wollen. Falls man Schwierigkeiten bekommt, scheue man sich nicht, die Schmerzen gehörig zu übertreiben.

Kendi-m-i iyi hisset-m-iyor-um.
selbst-mein-Akk gut fühlen-nicht-Ggw-ich
Ich fühle mich nicht wohl.

Hasta-yım.
krank-ich
Ich bin krank.

Karn-ım ağr-ıyor.
Bauch-mein wehtun-Ggw=er
Mein Bauch tut weh.

Gerçek-ten çok kötü-yüm.
wahr-von sehr schlecht-ich
Es geht mir wirklich sehr schlecht.

Ateş-im var.
Feuer-mein es=gibt
Ich habe Fieber.

Doktor-a git-meli-yim.
Arzt-Dat gehen-müssen-ich
Ich muss zum Arzt gehen.

Hastane-ye git-meli-yim.
Krankenhaus-Dat gehen-müssen-ich
Ich muss ins Krankenhaus gehen.

Baş ağr-ım var.
Kopf Schmerz-mein es=gibt
Ich habe Kopfschmerzen.

En yakın doktor nerede?
am=meisten nah Arzt wo
Wo ist der nächste Arzt?

En yakın hastane nerede?
am=meisten nah Krankenhaus wo
Wo ist das nächste Krankenhaus?

İshal ol-dum.
Durchfall werden-Verg=ich
Ich habe Durchfall.
(„Ich bin durchfällig geworden.“)

baş	Kopf
göz	Auge
kulak	Ohr
burun	Nase
boyun	Hals
göğüs	Brust
karın	Bauch
kol	Arm
el	Hand
omuz	Schulter
ateş	Fieber
bacak	Bein
ishal	Durchfall
diz	Knie
ilaç	Medikament
ayak	Fuß
kusmak	erbrechen

Verhaltenstipps

Die Türkei ist bekanntermaßen ein islamisch geprägtes Land. Obwohl Kemal Atatürk, Staatsgründer und erster Präsident der Türkischen Republik, durch eine recht weitgehende Trennung von Staat und Religion (Laizismus) und eine deutliche Westorientierung des gesellschaftspolitischen Kurses dafür gesorgt hat, dass sich westlich-moderne Institutionen etablieren konnten und viele Sitten und Traditionen zurückgedrängt wurden, die man aus westlicher Perspektive als rückständig, feudalistisch oder auch inhuman betrachten würde, leben viele davon fort – besonders in den ärmeren Gegenden, hier vor allem in der Osttürkei. Es ist also dem Reisenden durchaus anzuraten, sich eher ein wenig zu vorsichtig zu verhalten und darauf gefasst zu sein, dass Freizügigkeiten, die in bestimmten Milieus in den modernen Städten der Westtürkei kaum Anstoß erregen, in anderen Gegenden, ja sogar in ärmeren Stadtvierteln derselben Stadt, auf recht unfreundliche Aufnahme stoßen können.

Ein paar allgemeine Verhaltensregeln und -tipps mögen dazu dienen, die gröbsten Patzer zu vermeiden:

Kleidung: Kleiden Sie sich unauffällig und „sittsam“, d. h. bei Frauen keine freien Schultern, keine tiefen Ausschnitte, lange Röcke (weite Hosen gehen auch); bei Männern bedeckter Oberkörper, keine kurzen Hosen. Badekleidung ist nur in Badeorten mit viel Tourismus - und dann im Allgemeinen auch nur im Strandbereich selbst - akzeptabel.

Geschlechtertrennung: Frauen sollten vorsichtig sein im Umgang mit männlichen Personen, ausgenommen es handelt sich um offizielle, geschäftliche u. ä. begründete Kontakte. In männlicher Begleitung muss auf solche Beschränkungen nicht geachtet werden. Frauen, die sich ohne Notwendigkeit allein mit Männern treffen oder auch nur längere Zeit unterhalten, können leicht als moralisch suspekt angesehen werden - u. U. auch gerade vom betreffenden Gesprächspartner, für den solch ein Verhalten geradezu eine Provokation darstellen kann.

Umgekehrt hält sich ein „gesitteter“ Mann nicht ohne weiteres in Frauengesellschaft auf oder spricht gar fremde Frauen an. Gegenüber ausländischen Frauen nehmen sich allerdings - besonders in den Städten und in touristischen Hochburgen - gewisse Männer einiges heraus. Das muss nicht immer mit Hintergedanken verbunden sein.

Dennoch ist Vorsicht angebracht, vor allem ist deutlich Distanz zu wahren. Selbst auf kleinste Zudringlichkeiten sollte sofort und entschieden abwehrend reagiert werden, zur Not lautstark, um andere aufmerksam zu machen.

Rahat-sız et-me beni!
Ruhe-ohne machen-nicht=BEFEHL=du mich
Lass mich in Ruhe!

Bırak beni!
lassen=BEFEHL=du mich
Lass mich!

Ne yap-ıyor-sun, be?
was machen-Ggw-du he
He, was soll das?

Ne ist-iyor-sun ben-den?
was wollen-Ggw-du mir-von
Was willst du von mir?

Kötü, pis adam! Çok ayıp ya!
schlecht dreckig Mann sehr schändlich oh
Übler, dreckiger Kerl! Welche Schande!

Pärchen sollten sich in der Öffentlichkeit nicht an der Hand halten, umarmen, küssen, usw.

Polizei, Militär: Vermeiden Sie, wenn möglich, jeden Kontakt. Dies gilt insbesondere in politischen Unruhegebieten und im grenznahen Bereich. Zwar ist die Türkei nicht mehr der ausgesprochene Polizeistaat wie in den 1980er Jahren, und man hat sich an Touristen im Land wahrlich gewöhnt, aber autoritäre Strukturen und Mentalitäten wirken noch nach. Als Fremder erweckt man immer noch leicht Misstrauen.

Gastfreundschaft: Gewöhnen Sie sich daran, dass man oft bevorzugt behandelt wird. Trotzdem sollte man dies nicht als selbstverständlich betrachten. Geben Sie immer wieder deutlich Ihre Zufriedenheit zu erkennen und seien Sie mit Ihrem eigenen Besitz ebenfalls großzügig. Allerdings würde es sich für einen Gastgeber nicht schicken, regelrechte Gegenleistungen anzunehmen.

Nicht alles, was nach Gastfreundschaft und Hilfe aussieht, ist allerdings wirklich so gemeint: Viele haben gelernt, dass sich die Überraschung und das schlechte Gewissen des Gastes sehr gut für vorteilhafte Geschäfte nutzen lassen. Bekommt man diesen Eindruck, scheue man sich nicht, eventuelle Bitten oder Versuche, einen auf irgendetwas zu verpflichten, eindeutig abzulehnen. Der Betreffende wird dann schon wissen, warum.

Dennoch: Machen Sie das Misstrauen nicht wegen solcher (leider immer häufiger anzutreffenden) schwarzen Schafe zum Prinzip!

Rauchen ist für erwachsene Männer eigentlich kein Problem. Bei Frauen wird das Rauchen in aller Regel auch akzeptiert, jedoch sollten sie das Rauchen auf der Straße vermeiden. In öffentlichen Lokalen gilt seit 2009 ein gesetzliches Rauchverbot.

Literaturhinweise

Lehrbücher

Alev Tekinay: **Günaydın. Einführung in die moderne türkische Sprache.** (Reichert Verlag Wiesbaden)
Wer sich richtig ernsthaft mit dem Türkischen beschäftigen will, für den ist dieses zweibändige Lehrwerk genau das Richtige: Es ist didaktisch sinnvoll aufgebaut und arbeitet mit modernen Methoden. Und es vermittelt einen wirklich modernen türkischen Wortschatz.

Türkisch ohne Mühe
(Assimil-Verlag GmbH)
Selbstlernkurs für Anfänger und Wiedereinsteiger. Die Lehrmethode ermöglicht ein leichtes und einfaches Erlernen der türkischen Sprache. Auch als Multimedia-Package erhältlich.

Daneben hat praktisch jeder auf Sprachlehrmaterialien spezialisierte Verlag in Deutschland sein eigenes Türkisch-Lehrwerk auf dem Markt. Manche sind eher kommunikativ ausgerichtet und werden in VHS-Kursen eingesetzt, andere sind stärker akademisch und finden eher in Universitätskursen Verwendung. Informieren Sie sich über die Kundenrezensionen im Internet.

Wörterbücher

Die hier aufgeführten Bücher sind nicht über den Reise Know-How Verlag zu beziehen! Bitte wenden Sie sich an Ihre Buchhandlung.

In den letzten Jahren ist endlich der ehemals chronische Missstand auf dem Wörterbuch-Markt für das Türkische bereinigt worden. Die unten aufgeführten Werke enthalten (in ihren aktuellen Auflagen) alle einen modernen Wortschatz, sind also alle gut brauchbar. Welches man bevorzugt, hängt natürlich von den individuellen Bedürfnissen ab. Meinem Eindruck nach enthalten die Werke der Langenscheidt-Reihe mehr Wörter, die der Pons-Reihe (Klett-Verlag) dafür aber etwas ausführlichere Bedeutungsunterscheidungen.

Als Ergänzung zum Kauderwelsch-Sprechführer empfehlen sich – je nach gewünschtem Wortschatzumfang:

Kleine Wörterbücher

Pons Reisewörterbuch Türkisch (Klett-Verlag),
Langenscheidts Universalwörterbuch Türkisch,
Langenscheidts Kompaktwörterbuch Türkisch.

Mittelgroße Wörterbücher

Pons Kompaktwörterbuch Türkisch (Klett-Verlag),
Langenscheidts Taschenwörterbuch Türkisch.

gokercy@Fotolia.com

Moschee, Innenansicht

Das folgende Wörterverzeichnis enthält einen Basiswortschatz von ca. 1000 Vokabeln. Wörter, die man leicht im Hauptteil des Buches oder in den Umschlagklappen finden kann, sind hier teilweise kein weiteres Mal aufgeführt. Im türkischen Teil werden die Umlaute u. a. Sonderzeichen nach türkischer Praxis als Einzelbuchstaben behandelt und stehen nach ihren Grundbuchstaben. Im deutschen Teil hingegen finden Sie die Umlaute unter den entsprechenden nichtumgelauteten Selbstlauten.

A

abbiegen sapmak
Abend akşam
abends akşamleyin
aber ama, fakat
abfahren kalkmak
Abfahrt hareket
Abfall çöp
Absender gönderen
Adresse adres
ähneln benzemek
ähnlich benzer
alle (zusammen) hepsi; **(jeder)** herkes
allein yalnız
alles her şey
allgemein genel
alt (Dinge) eski; **(Personen)** yaşlı
Alter (Lebens-) yaş
Ameise karınca
Ampel trafik lambası
Amt makam, daire
anbieten sunmak
Andenken hatıra
anderer başka; **(weiterer)** diğer; **(von zweien)** öbür
ändern değiştirmek; **sich ä.** değişmek
Anfang başlangıç
anfangen başlamak
angenehm hoş
Angestellter memur
Angst korku
ängstlich korkak
anhalten durmak
anmachen (Licht) yakmak
anprobieren prova etmek
anschauen bakmak
anstrengend yorucu
Antwort cevap
antworten cevap vermek
Anzeige (Polizei) ihbar
anziehen (Kleid) giymek; **sich a.** giyinmek
anzünden yakmak
Apfel elma
Apotheke eczane
Appetit iştah
Aprikose kayısı
Arbeit iş
arbeiten çalışmak
Arbeiter işçi
arbeitslos işsiz
ärgern (jdn.) kızdırmak; **sich ä.** kızmak
arm fakir, yoksul
Arm kol
Armband bilezik
Art (Sorte) çeşit, türlü; **(Weise)** usul
Arzt hekim, doktor
Asche kül
Aschenbecher kül tablası
atmen soluk almak
Aubergine patlıcan
auch de / da
Aufgabe ödev
aufheben kaldırmak
aufhören (enden) bitmek; **(beenden)** bitirmek
aufpassen dikkat etmek
aufregen (jdn.) sinirlendirmek; **sich a.** sinirlenmek
aufstehen kalkmak
aufwachen uyanmak
aufwecken uyandırmak
Auge göz

Augenblick an
Ausflug gezinti
Ausgang çıkış
Ausländer yabancı
ausmachen (Licht) söndürmek
ausreichen yetmek
ausruhen dinlenmek
außerdem üstelik (de)
Äußeres dış
Aussicht manzara
aussteigen inmek
Ausstellung sergi
Ausweis kimlik
ausziehen (Kleidung) çıkarmak;
sich a. soyunmak
Auto araba

B

Baby bebek
Bach dere, çay
backen pişirmek
Bäckerei fırın
baden banyo yapmak
Badezimmer banyo
Bahnhof istasyon
bald yakında
Ball top
Banane muz
Bank (Geld) banka;
(Sitz-) bank
bar: b. zahlen peşin ödemek
Bargeld nakit para
Bart sakal
Batterie pil;
(Auto) akü(mülatör)
Bau(arbeiten) inşaat
Bauch karın
bauen kurmak, yapmak
Bauer köylü, çiftçi
Bauernhof çiftlik
Baum ağaç
Baumwolle pamuk
Beamter memur
bedecken örtmek
bedeuten demek
beeilen, sich acele etmek
befinden, sich bulunmak
begrüßen selamlamak
Bein bacak
Beispiel örnek;
zum B. örneğin, mesela
beißen ısırmak
Bekannter tanıdık
bekommen almak
beleidigen hakaret etmek
bellen havlamak
benachrichtigen haber vermek
benutzen kullanmak
bequem rahat, konforlu
Berg dağ
Beruf meslek
berühmt ünlü
berühren dokunmak
beschweren, sich şikâyet etmek
Besen süpürge
besetzt meşgul
besichtigen gezmek
Besitzer sahip
besonders bilhassa
bestellen ısmarlamak, sipariş etmek;
(Restaurant) söylemek
besuchen ziyaret etmek
betrunken sarhoş
Bett yatak
Bettler dilenci
Betttuch çarşaf
bewegen hareket ettirmek
Bewegung hareket
Beweis ispat
Bibliothek kütüphane
Biene arı
Bier bira
Bild resim
billig ucuz
Birne armut;
(Glüh-) ampul
bisschen: ein b. biraz
Bitte rica
bitter acı
Blatt yaprak
blau mavi
bleiben kalmak
blind kör
Blitz şimşek,
(-schlag) yıldırım
blond sarışın
Blume çiçek
Blut kan
Boden (Erde) toprak
Bohne fasulye
Boot kayık, sandal
Botschaft büyükelçilik
Brand yangın
brauchen ihtiyacı olmak
Braut gelin
brechen kırmak
breit geniş
brennen yanmak
Brett tahta
Brief mektup
Briefkasten posta kutusu
Briefmarke pul
Briefumschlag zarf
Brille gözlük
bringen (her-) getirmek;
(hin-) götürmek

Brot ekmek
Bruder (älterer) ağabey;
(jüngerer) (erkek) kardeş
Brunnen çeşme
Brust göğüs
Buch kitap
Bucht körfez, koy
bügeln ütülemek
bunt renkli
Burg kale
Büro büro
Bürste fırça
Bus otobüs
Büstenhalter sutyen
Butter tereyağı

C

Café kahvehane
Campingplatz kamp yeri
Chef şef
Computer bilgisayar

D

Dach çatı
damals o zamanlar
Dame hanım
Damenbinde kadın bağı
Dampf buhar
danken teşekkür etmek
dann (später) sonra;
(in dem Fall) o zaman
Darm bağırsak
dass ki
dauern sürmek
Decke (Bett-) yorgan;
(Tisch-) masa örtüsü;
(Woll-) battaniye;
(Zimmer-) tavan
Deckel kapak
denken düşünmek
Denkmal anıt, abide
deshalb bu yüzden
Diät perhiz, rejim
dick (körperlich) şişman;
(Umfang) kalın
Dieb hırsız
Dienst hizmet, servis
Ding şey
Direktor müdür
Dolmetscher tercüman
Dorf köy
Dorfvorsteher muhtar
dort orada
Dose (teneke) kutu
Draht tel
draußen dışarıda
drehen döndürmek;
sich d. dönmek
dringend acil
drinnen içeride
drucken basmak
drücken sıkmak
dumm aptal, budala
dunkel karanlık, koyu
dünn (körperlich) zayıf;
(Umfang) ince
durcheinander karmakarışık
durstig susamış
Dusche duş

E

eben (flach) düz;
(soeben) demin
Ebene ova;
(Hoch-) yayla
echt gerçek
Ecke köşe
egal: ist mir e. fark etmez
Ehe evlilik
Ehre namus, şeref
ehrlich namuslu
Ei yumurta
Eigentum mal
Eimer kova
einfach (schlicht) sade;
(mühelos) kolay;
(nicht komplex) basit
Eingang giriş
einige birkaç
einkaufen alışveriş yapmak
einladen davet etmek
einsam (Mensch) yalnız;
(Ort) ıssız
einschlafen uykuya dalmak
einsteigen binmek
eintreten girmek
Eintrittskarte bilet
einverstanden tamam, kabul
einwickeln sarmak
Einwohner sakin;
(-schaft) nüfus
einzig tek
Eis (Wasser) buz;
(Speise-) dondurma
Eisen demir
Eisenbahn demiryolu
Eltern anababalar
Empfänger alıcı
empfehlen tavsiye etmek
Ende son
endlich sonunda
eng dar
Enkel(in) torun
Ente ördek
entlang boyunca
entscheiden karar vermek

entstehen oluşmak
Erbse bezelye
Erdbeben deprem
Erdbeere çilek
Erde yer
Ereignis olay
Ergebnis sonuç
erinnern, sich hatırlamak
erklären anlatmak
erlauben izin vermek
Ernte hasat
Erwachsener yetişkin
erzählen anlatmak
Esel eşek
essbar yenilir
essen, Essen yemek
Essig sirke
etwas (bisschen) biraz;
(irgend-) bir şey

F

Fabrik fabrika
Faden iplik
Fahne bayrak
Fähre feribot
fahren gitmek
Fahrer şoför
Fahrkarte bilet
Fahrrad bisiklet
Fahrzeug taşıt
fallen düşmek
falsch yanlış
Familie aile
Farbe renk, boya
fast hemen hemen
faul (träge) tembel;
(verdorben) çürük
fegen süpürmek
Fehler (Mangel) kusur;
(Irrtum) hata, yanlış
Feier parti, eğlence
Feiertag bayram, tatil günü
Feige incir
feilschen pazarlık etmek
Feld (Acker) tarla;
(Fläche) alan
Fels kaya
Fenster pencere
Ferien tatil
Fernsehen televizyon
fertig hazır
Fett yağ
feucht nemli
Feuer ateş
Feuerwehr itfaiye
Feuerzeug çakmak
Fieber ateş
Filiale şube
Film film
finden bulmak
Finger parmak
Fisch balık
Flasche şişe
Fleisch et
fleißig çalışkan
Fliege sinek
fliegen uçmak
fluchen küfretmek
Flug uçuş
Flughafen hava limanı
Flugzeug uçak
Fluss nehir, ırmak
folgen izlemek
Form biçim
fortsetzen devam etmek
Foto fotoğraf
Fotoapparat fotoğraf makinesi
fotografieren fotoğraf çekmek
Frage soru;
(Angelegenheit) sorun
fragen sormak
Frau kadın;
(Ehe-) karı, eş
frei özgür;
(leer) boş
Freude neşe, sevinç
freuen, sich sevinmek
Freund arkadaş
Frieden barış
frieren (ich friere) üşümek
frisch taze
Friseur kuaför, berber
fröhlich neşeli
Frucht meyve
früh erken
früher eskiden
Frühling ilkbahar
Frühstück kahvaltı
fühlen hissetmek
füllen doldurmak
Furcht korku
fürchten, sich korkmak
Fuß ayak;
zu F. yaya

G

Gabel çatal
Gans kaz
ganz bütün
Garten bahçe
Gasse sokak
Gast misafir;
(Hotel) müşteri
Gaststätte lokanta
Gebäude bina
geben vermek
Gebet (muslim.) namaz
Gebiet bölge

gebildet aydın
geboren werden doğmak
Gebühr ücret
Geburtstag doğum günü
Gedanke düşünce, fikir
Gefahr tehlike
gefährlich tehlikeli
gefallen beğenmek
Gefängnis hapishane
Gefühl duygu
Gegenstand eşya
gehen gitmek;
(zu Fuß) yürümek
Gehirn beyin
gelb sarı
Geld para
Geldautomat bankamatik
Geldbörse para çantası
Geldschein banknot
gemischt karışık
Gemüse sebze
genau tam
genug yeter
genügend yeterli
Gepäck bagaj
gerade doğru;
(soeben) demin
geradeaus dosdoğru
Gericht (Justiz) mahkeme
gern seve seve
Geschäft dükkân, mağaza
Geschenk hediye
Geschichte hikâye;
(Historie) tarih
geschlossen kapalı
Geschmack lezzet
Gesetz kanun, yasa
Gesicht yüz
Gespräch konuşma
gestern dün
gesund sıhhatlı, sağ
Gesundheit sağlık
Getränk içecek;
(alkohol.) içki
getrennt (separat) ayrı
Gewicht ağırlık
Gewinn kazanç
gewinnen kazanmak
Gewitter fırtına
gewöhnen, sich alışmak
Gewürz baharat
gießen dökmek
Gift zehir
Gipfel doruk
Glas (Material) cam;
(Trink-) bardak
glauben inanmak
gleich (ident.) aynı;
(zeitl.) hemen
gleichen benzemek
Glocke zil
glücklich mutlu
Gold altın
Gott Allah, Tanrı
Grad derece
Granatapfel nar
Gras ot
gratulieren kutlamak
grau boz, gri
Grenze sınır
groß büyük;
(lang) uzun;
(riesig) kocaman
Größe (Format) boy;
(Kleidung) beden
Großmutter büyükanne
Großvater büyükbaba, dede
grün yeşil
Grund (Ursache) sebep
Gruppe grup
Gruß selam
grüßen selam söylemek
gucken bakmak
gültig geçerli
Gurke salatalık
Gürtel kemer
gut iyi

H

Haar saç
Hackfleisch kıyma
Hafen liman
Hagel dolu
Hahn horoz;
(Wasser-) musluk
halb yarım;
(mit ganzen Zahlen) buçuk
Hälfte yarı
Hals boyun;
(Kehle) boğaz
halten (fest-) tutmak;
(stoppen) durmak
Haltestelle durak
Hammel koyun
Hammer çekiç
Hand el
Handel ticaret
Handtuch havlu
hängen asılı olmak;
(auf-) asmak
hart sert, katı
Hase tavşan
hässlich çirkin
Hauptstadt başkent
Haus ev
Haut cilt, deri
Heft defter
heilen tedavi etmek
heiraten evlenmek
heiß sıcak

helfen yardım etmek
hell açık, aydın
Hemd gömlek
Herbst sonbahar
Herr efendi
herstellen üretmek
Herz (Organ) kalp;
(Seele) can
heute bugün
hier burada
Hilfe yardım
Himmel gök
hinaus dışarı(ya)
hinausgehen çıkmak
hinein içeri(sine)
hineingehen girmek
hinlegen, sich yatmak
hinsetzen, sich oturmak
hinten geride, arkada
hoch yüksek
höchstens en fazla
Hochzeit düğün
Hoffnung ümit
Höhle mağara
Holz tahta
Honig bal
hören duymak;
(zu-) dinlemek
Hose pantalon
Hotel otel
Hügel tepe
Huhn tavuk
Hühnchen piliç
Hund köpek
hungrig aç
Hut şapka

I

immer hep, her zaman
Inneres iç
Insel ada
interessant ilginç
interessieren, sich (für) (... ile) ilgilenmek
inzwischen bu arada
irren, sich yanılmak

J

Jacke palto;
(Strick-) hırka
jagen avlamak
Jahr yıl, sene
jeder (Adj.) her;
(Pron.) herkes
jemand biri (birini), kimse
jetzt şimdi
Jugend gençlik
jung genç
Junge (jugendl.) oğlan
Juwelier kuyumcu

K

Kaffee kahve
Kalb dana
kalt soğuk
Kamel deve
Kamm tarak
kämmen, sich taranmak
Kanne ibrik
kaputt bozuk, kırık
kaputtgehen bozulmak, kırılmak
kaputtmachen bozmak, kırmak
Kartoffel patates
Käse peynir
Kasse kasa, vezne
Katze kedi
kauen çiğnemek
kaufen (satin) almak
Kaufhaus büyük mağaza
Keller bodrum
Kellner garson
kennen tanımak, bilmek
kennenlernen tanımak;
sich k. tanışmak
Kerze mum
Kichererbse nohut
Kind çocuk
Kino sinema
Kirche kilise
Kirsche kiraz;
(Sauer-) vişne
Kissen yastık
Kiste sandık
klar belli
Klasse sınıf
Kleid elbise
Kleidung giyim, kıyafet
klein küçük;
(körperlich) kısa
klingeln kapı çalmak
klug akıllı
Kneipe meyhane
Knie diz
Knoblauch sarmısak
Knochen kemik
Knopf düğme
Koch aşçı
kochen pişirmek
Koffer bavul
Kohl lahana
kommen gelmek
Konditorei pastane
Kondom preservatif
Konsulat konsolusluk
Konto hesap
Kopf baş
Kopftuch başörtü(sü)
Korb sepet
Körper beden

kosten değerinde olmak; **(probieren)** tadına bakmak
kostenlos parasız, bedava, serbest
Kraft kuvvet, güç
krank hasta
Krankenhaus hastane
Krankenwagen cankurtaran arabası
Krankheit hastalık
Kreditkarte kredi kartı
Kreis daire, halka
Kreuzung dörtyol, kavşak
Krieg savaş
Krug testi
krumm eğri
Küche mutfak
Kugel top
Kuh inek
kühl serin
Kühlschrank buz dolabı
Kunde müşteri
Kupfer bakır
Kürbis kabak
Kurve viraj
kurz kısa
Kuss öpücük
küssen öpmek
Küste kıyı

L

lachen gülmek
Laden dükkân
Lage (Situation) durum
Lamm kuzu
Lampe lamba
Land ülke; **(Heimat-)** memleket
Landkarte harita
lang uzun
langsam yavaş
langweilen, sich canı sıkılmak
langweilig sıkıcı
Lärm gürültü
lassen bırakmak
Lastwagen kamyon
laufen koşmak
laut (nicht leise) yüksek; **(lärmend)** gürültülü
leben yaşamak
Leben hayat, yaşam
Lebensmittel yiyecek
Lebensmittelladen bakkal
Leber karaciğer
Leder deri
ledig bekâr
leer boş
legen koymak
lehren öğretmek
Lehrer öğretmen
leicht (Gewicht) hafif; **(einfach)** kolay
leider maalesef
leise yavaş; **(still)** sessiz
lernen öğrenmek
lesen okumak
letzter son; **(vorheriger)** geçen
leuchten parlamak
Leute insanlar
Licht ışık
Liebe aşk; **(Zuneigung)** sevgi
lieben sevmek
Lied şarkı
liegen yatmak; **(Dinge)** durmak
links sol
Linse (Gemüse) mercimek
Lippe dudak
Loch delik, çukur
Löffel kaşık
Lohn ücret
Luft hava
Lüge yalan
lügen yalan söylemek
Lunge akciğer
lustig neşeli, keyifli

M

machen yapmak
Mädchen kız
Magen mide
Mais mısır
mal defa, kez; **(mathemat.)** kere
manche bazı(sı)
manchmal bazen, bazı defa
Mandarine mandalina
Mandel badem
Mann adam, erkek; **(Ehe-)** koca, eş
Mantel palto, manto
Markt pazar, çarşı
Maschine makine
Material madde
Matratze döşek
Mauer duvar
Medikament ilaç
Meer deniz
Mehl un
mehr daha (çok); **nicht m.** artık
meinen sanmak
Meinung düşünce, fıkır
meistens genellikle

Melone (Wasser-) karpuz;
(Zucker-) kavun
Mensch insan
merkwürdig tuhaf
Messer bıçak
Metzger(ei) kasap
mieten kiralamak
Milch süt
mindestens bari
Minister bakan
Minute dakika
mischen karıştırmak
Mittag öğle
Mitte orta;
(Zentrum) merkez
Mobiltelefon cep telefonu
mögen sevmek, beğenmek
möglich mümkün
Möhre havuç
Monat, Mond ay
morgen yarın
Morgen sabah
morgens sabahleyin
Moschee cami
Motor motor
Motorrad motosiklet
Mücke sinek
müde yorgun
Mülleimer çöp tenekesi
Mund ağız
Münze madeni para;
(Telefon-) jeton
Muschel midye
Museum müze
Musik müzik
mutig cesur
Mutter anne
Mütze kasket, bere

N

Nachbar komşu
nachher sonra
Nachricht haber
nächster gelecek
Nacht gece
nackt çıplak
Nadel iğne
Nagel (Stift) çivi;
(Finger-) tırnak
nah yakın
nähen dikmek
Name ad, isim;
(Nach-) soyadı
Nase burun
nass yaş
Natur doğa, tabiat
natürlich tabii
Nebel sis
Neffe yeğen
nehmen almak
Netz ağ
neu yeni
neugierig meraklı
Nichte yeğen
nichts hiç bir şey, hiç
nie hiç bir zaman, asla
niedrig alçak
niemand hiç kimse
Niere böbrek
nirgends hiç bir yerde
noch henüz, daha
Norden kuzey
normal normal
nötig lâzım
Nummer numara, sayı
nur ancak, sadece, yalnız
Nuss (Wal- usw.) ceviz;
(Hasel-) fındık
nützlich yararlı, faydalı

O

oben yukarıda
Oberseite üst
Obst meyve
Ochse öküz
oder veya;
(in Fragen) yoksa
Ofen soba, ocak;
(Back-) fırın
offen açık
offiziell resmi
öffnen açmak
oft sık sık
Ohr kulak
Öl yağ
Olive zeytin
Onkel (väterl.) amca;
(mütterl.) dayı;
(angeheiratet) enişte
Orange portakal
Ort yer
Osten doğu

P

Paar çift
Paket paket
Panne arıza
Papier kâğıt
Paprika dolmalık (biber)
Park park
parken park etmek
Parkplatz park yeri
Partei parti
Pass (Reise-) pasaport;
(Berg-) geçit
passend uygun

Pause mola;
(Schule) teneffüs
Person kişi
Pfanne tava
Pfeffer biber
Pferd at
Pfirsich şeftali
Pflanze bitki
Pflaume erik
Pilz mantar
Platz (öffentl.) meydan;
(Stelle) yer
plötzlich birdenbire
Polizei polis
Polizeiwache karakol
Porree pırasa
Post posta;
(-amt) postane
Postkarte kartpostal
prächtig şahane
Präsident başkan
Preis fiyat
privat özel
Problem güçlük
Provinz il
Prozent yüzde
prüfen denemek
Punkt nokta
Pute hindi

Q / R

Quatsch saçma
Quelle kaynak, pınar
Quittung alındı
Rad tekerlek
Radio radyo
Rand kenar
rasieren tıraş etmek
Rasierklinge jilet
Rathaus belediye
Rauch duman
rauchen (sigara) içmek
rechnen hesaplamak
Rechnung hesap
Recht hak;
im R. (sein) haklı
rechts sağ
Regen yağmur
Regierung hükümet
regnen (yağmur) yağmak
reich zengin
reichen (geben) uzatmak
reif olgun
Reihe dizi, sıra
reinigen temizlemek
Reis pirinç
Reise yolculuk, seyahat
Reisender yolcu
Religion din
rennen koşmak
Rentner emekli
Reparatur tamir
Republik cumhuriyet
Rest artık
Restaurant restoran
richtig doğru
riechen kokmak
Rind sığır
Ring yüzük
Rock etek
roh çiğ
Rose gül
rot kırmızı, kızıl
Rücken sırt
Rückseite arka
rufen bağırmak;
(herbei-) çağırmak
Ruhe rahat
ruhig rahat(lı)
rund yuvarlak

S

Sache şey
Saft meyve suyu
sagen demek, söylemek
Salat salata
Salbe merhem
Salz tuz
sammeln biriktirmek
Sand kum
satt tok
Satz cümle
sauber temiz
sauer ekşi
Schachtel kutu
schade yazık
schädlich zararlı
Schaf koyun
Schafbock koç
Schäfer çoban
Schalter (Bank-) gişe;
(Licht-) şalter
scharf keskin;
(Geschmack) acı
Schatten gölge
Scheck çek
schenken hediye etmek
Schere makas
Scherz şaka
schicken göndermek
schieben itmek, sürmek
Schiff gemi, vapur
Schirm şemsiye
Schlaf uyku
schlafen uyumak
schlagen vurmak;
(prügeln) dövmek
Schlange yılan;
(Warte-) kuyruk
schlecht kötü

schließen kapatmak
schließlich en sonunda
Schloss (Palast) saray; **(Verschluss)** kilit
Schlüssel anahtar
Schmerz ağrı
Schmetterling kelebek
Schmuck mücevher
Schmutz pislik
schmutzig pis
Schnee kar
schneiden kesmek
Schneider terzi
schnell çabuk, hızlı
Schnurrbart bıyık
Schokolade çikolata
schön güzel
Schrank dolap
Schraube vida
schrecklich korkunç
schreiben yazmak
schreien bağırmak
Schritt adım
Schuh ayakkabı, pabuç
Schule okul
Schüler öğrenci
Schulter omuz
Schüssel çanak
schwach zayıf
schwanger gebe, hamile
schwarz siyah, kara
schweigen susmak
Schwein domuz
schwer (Gewicht) ağır
Schwester (ältere) abla; **(jüngere)** (kız) kardeş
schwierig zor, güç
Schwierigkeit güçlük, zorluk
schwimmen yüzmek
schwitzen terlemek
See göl
Segel yelken
sehen görmek; **sich s. (sich treffen)** görüşmek
sehr çok, pek (çok)
Seide ipek
Seife sabun
Seil ip
Seite yan, taraf; **(Buch)** sayfa
Sekunde saniye
selten seyrek
Serviette peçete
sicher (gewiss) emin, **(ungefährl.)** tehlikesiz
Silber gümüş
singen şarkı söylemek
sitzen oturmak
so öyle, böyle
sofort hemen
Sohn oğul
Soldat asker
Sommer yaz
Sonne güneş
Soße sos, salça
soviel o kadar
sowieso zaten
spät geç
später sonra
spazierengehen gezmek
Speisekarte yemek listesi
Spiegel ayna
Spiel oyun
spielen oynamak; **(Musik)** çalmak
Spinat ıspanak
Sport spor
Sprache dil
sprechen konuşmak
Spritze şırınga, iğne
Staat devlet
Stadt şehir
Stadtviertel mahalle
Stahl çelik
stark kuvvetli, güçlü
Stau kuyruk
Staub toz
stechen (Insekt) sokmak
Steckdose priz
stecken batırmak
Stecker fiş
stehen durmak
stehlen çalmak
Stein taş
stellen koymak
Stempel damga
sterben ölmek
Stern yıldız
Stift (Schreib-) kalem
Stimme ses
Stockwerk kat
Stoff (Gewebe) kumaş
stören rahatsız etmek
stoßen itmek
Strafe ceza
Strand plaj, kumsal
Straße cadde; **(Land-)** karayolu
Streichholz kibrit
Streik grev
streiten kavga etmek
Strumpf çorap
Stück (Einheit) tane
Student öğrenci
Stuhl sandalye, iskemle
Stunde saat
Sturm fırtına
suchen aramak
Süden güney
Suppe çorba

süß tatlı

T

Tabak tütün
Tablett tepsi
Tablette tablet
Tag gün; **(Tageslicht)** gündüz
Tal vadi
tanken benzin almak
Tankstelle benzin istasyonu
Tante (väterl.) hala; **(mütterl.)** teyze; **(angeheiratet)** yenge
Tanz dans
tanzen oynamak
Tasche (Leder-) çanta; **(Beutel)** torba; **(in Kleidung)** cep
Taschentuch mendil
Tasse fincan
Tatsache gerçek
Taube güvercin
tauchen dalmak
Taucher dalgıç
tauschen değiştirmek
Taxi taksi
Tee çay
Teehaus çayhane
Teil (Bestand-) parça
Telefon telefon
telefonieren telefon etmek
Teller tabak
Teppich halı
teuer pahalı
Teufel şeytan
Theater tiyatro
tief derin
Tier hayvan
Tintenfisch mürekkep balığı, ahtapot
Tisch masa
Tochter kız
Tod ölüm
Toilette tuvalet
Tomate domates
Ton (Klang) ses
Topf tencere
Tor kapı
tot ölü
töten öldürmek
tragen taşımak
Traum rüya
träumen rüya görmek
traurig üzgün; **t. sein** üzülmek
treffen karşılaşmak, rastlamak; **(Ziel)** isabet etmek; **sich t.** buluşmak
trennen ayırmak; **sich t.** ayrılmak
Treppe merdiven
trinkbar içilir
trinken içmek
Trinkgeld bahşiş
trocken kuru
trocknen kurumak; **(ab-)** kurutmak
Tropfen damla
trotzdem buna rağmen
tun etmek
Tür kapı
Turm kule
Tüte kesekâğıdı

U

üben alıştırma yapmak
überall her yerde
übernachten gecelemek
übersetzen çevirmek, tercüme etmek
Uhr saat
Umgebung etraf, çevre
umsteigen aktarma yapmak
Umwelt çevre
und ve
Unfall kaza
ungefähr aşağı yukarı
Universität üniversite
unten aşağıda
Unterseite alt
Unterhose külot
Unterschied fark
unterschiedlich farklı
unterschreiben imza atmak
Unterschrift imza
Urlaub izin

V

Vater baba
verantwortlich sorumlu
verbessern düzeltmek
verbieten yasaklamak
verboten yasak
verbringen geçirmek
verdienen kazanmak
vergessen unutmak
verheiratet evli
verkaufen satmak
Verkäufer satıcı
Verkehr trafik
verlassen terk etmek
verleihen ödünç vermek
verletzen yaralamak
verletzt yaralı

Wörterliste Deutsch - Türkisch

verliebt aşık
verlieren kaybetmek
verlorengehen kaybolmak
vermieten kiraya vermek
verrückt deli, çılgın
Versammlung toplantı
Versicherung sigorta
versprechen söz vermek
verstehen anlamak
versuchen çalışmak
Verwandter akraba
verzeihen affetmek
viel çok
vielleicht belki
Vogel kuş
Volk halk
voll dolu
vorbeigehen geçmek
vorbereiten hazırlamak;
sich v. hazırlanmak
Vorderseite ön
vorher önce
vorne ileride, önde
Vorsicht dikkat

W

wachsen gelişmek, büyümek
Waffe silâh
Wagen araba
wählen seçmek
wahr gerçek
wahrscheinlich her halde
Wald orman
Wand duvar
Wange yanak
Ware mal
warm sıcak
warten beklemek
Waschbecken lavabo
waschen yıkamak;
sich w. yıkanmak
Wasser su
Wecker çalar saat
Weg yol
wehtun ağrımak
weich yumuşak
weil çünkü
Wein şarap
weinen ağlamak
Weintraube üzüm
weiß beyaz, ak
weit (entfernt) uzak
Welle dalga
Welt dünya
wenig az
werden olmak
werfen atmak
Westen batı
Wetter hava
wichtig önemli
wie gibi
wieder yine, yeniden
wiederholen tekrar etmek
Wind yel, rüzgâr
Windel kundak
Winter kış
wirklich gerçekten
wissen bilmek
Wissen bilgi
Woche hafta
wohnen oturmak
Wohnung daire
Wolke bulut
Wolle yün
wollen istemek
Wort kelime, söz
Wörterbuch sözlük
wundern, sich şaşırmak
Wunsch dilek
wünschen dilemek
Wurst sosis, sucuk

Z

Zahl sayı, adet
zahlen ödemek
zählen saymak
Zahn diş
Zahnpasta diş macunu
Zeichen işaret
zeigen göstermek
Zeit zaman, vakit
Zeitschrift dergi
Zeitung gazete
Zelt çadır
Zeuge tanık
Ziege keçi
ziehen çekmek
Ziel hedef
ziemlich oldukça
Zigarette sigara
Zimmer oda
Zitrone limon
Zoll gümrük
zu (sehr) fazla
zubereiten (Essen) yemek yapmak
Zucker şeker
Zufall rastlantı
zufrieden memnun
Zug tren
Zukunft gelecek
zuletzt en sonunda
Zunge dil
zurück geri
zurückkommen (geri) dönmek
zusammen beraber, birlikte
Zweig dal
Zwiebel soğan

A

abide Denkmal
abla (ältere) Schwester
acele Eile
acı bitter, scharf
acil dringend, eilig
aç hungrig
açık offen; hell
açmak öffnen
ad Name
ada Insel
adam Mann
adet Zahl
adım Schritt
adres Adresse
affetmek verzeihen
ağ Netz
ağabey (älterer) Bruder
ağaç Baum
ağır schwer (Gewicht)
ağırlık Gewicht
ağız Mund
ağlamak weinen
ağrı Schmerz
ağrımak wehtun
ahtapot Oktopus
aile Familie
ak weiß
akciğer Lunge
akıllı klug
akraba Verwandter
akşam Abend
akşamleyin abends
aktarma: a. yapmak umsteigen
akü(mülatör) Batterie
alan Feld, Fläche
alçak niedrig
alıcı Empfänger
alındı Quittung
alışmak sich gewöhnen
alıştırma Übung
alışveriş Einkauf
almak nehmen, kaufen, bekommen;
benzin a. tanken
alt Unterseite
altın Gold
ama aber
amca Onkel (väterl.)
ampul Glühbirne
an Augenblick, Moment
anababalar Eltern
anahtar Schlüssel
ancak nur
anıt Denkmal
anlamak verstehen
anlatmak erklären, erzählen
anne Mutter
aptal dumm
ara Zwischenraum
araba Auto, Wagen
arada: bu a. inzwischen
aramak suchen
arı Biene
arıza Panne
arka Rückseite
arkada hinten
arkadaş Freund
armut Birne
artık (nicht) mehr; Rest
asılı hängend
asker Soldat
asla nie (und nimmer)
asmak aufhängen
aşağı: a. yukarı ungefähr
aşağıda unten
aşçı Koch
aşık verliebt
aşk Liebe
at Pferd
ateş Feuer; Fieber
atmak (weg)werfen
avlamak jagen
ay Mond, Monat
ayak Fuß
ayakkabı Schuh
aydın hell; gebildet
ayırmak trennen
ayna Spiegel
aynı gleich, identisch
ayrı getrennt, separat
ayrılmak sich trennen
az wenig

B

baba Vater
bacak Bein
badem Mandel
bagaj Gepäck
bağ: kadın bağı Damenbinde
bağırmak rufen, schreien
bağırsak Darm
baharat Gewürz
bahçe Garten
bahşiş Trinkgeld
bakan Minister
bakır Kupfer
bakkal Lebensmittelladen
bakmak (an)schauen, gucken
bal Honig
balık Fisch
bank (Sitz-)Bank
banka Bank (Geld)
bankamatik Geldautomat
banknot Geldschein
banyo Bad, Badezimmer
bardak (Trink-)Glas

barış Frieden
bari mindestens
basit einfach
basmak drucken
baş Kopf
başka anderer
başkan Präsident
başkent Hauptstadt
başlamak anfangen
başlangıç Anfang
başörtü(sü) Kopftuch
batı Westen
batırmak (hinein)stecken
battaniye Wolldecke
bavul Koffer
bayrak Fahne
bayram Feiertag
bazen manchmal
bazı manche;
b. defa manchmal
bebek Baby
bedava kostenlos
beden Körper; Größe
beğenmek mögen, Gefallen finden
bekâr ledig
beklemek warten
belediye Stadtrat, Rathaus
belki vielleicht
belli klar, offensichtlich
benzemek gleichen, ähneln
benzer ähnlich, gleich
beraber zusammen
berber Herrenfriseur
bere Mütze
beyaz weiß
beyin Gehirn
bezelye Erbse
bıçak Messer
bırakmak (liegen)lassen
bıyık Schnurrbart
biber Pfeffer
biçim Form
bilet (Eintritts-, Fahr-) Karte
bilezik Armband
bilgi Wissen, Kenntnis
bilgisayar Computer
bilhassa besonders
bilmek wissen
bina Gebäude
binmek einsteigen
bira Bier
biraz etwas, ein bisschen
birdenbire plötzlich
biri jemand
biriktirmek sammeln
birkaç einige
birlikte zusammen
bisiklet Fahrrad
bitirmek beenden
bitki Pflanze
bitmek aufhören, enden
bodrum Keller
boğaz Hals, Kehle
boş leer, frei
boy Größe, Format
boya Farbe (Anstrich)
boyun Hals
boz grau
bozmak kaputtmachen
bozuk kaputt
bozulmak kaputtgehen
böbrek Niere
bölge Gebiet, Region
böyle so
buçuk halb (mit ganzen Zahlen)
budala dumm, Trottel
bugün heute
buhar Dampf
bulgur Weizengrütze
bulmak finden, treffen
bulunmak sich befinden
buluşmak sich treffen
bulut Wolke
burada hier
burun Nase
buz Eis
büro Büro
bütün ganz
büyük groß
büyükelçilik Botschaft
büyümek wachsen

C

cadde Straße
cam Glas (Material)
cami Moschee
can Herz, Seele
cankurtaran: c. arabası Krankenwagen
cep Tasche (in Kleidung);
c. telefonu Mobiltelefon
cesur mutig
cevap Antwort
ceviz (Wal-)Nuss
ceza Strafe
cilt Haut
cumhuriyet Republik
cümle Satz

Ç

çabuk schnell
çadır Zelt
çağırmak (herbei)rufen
çakmak Feuerzeug
çalar: ç. saat Wecker
çalışkan fleißig

çalışmak arbeiten; versuchen
çalmak stehlen; spielen (Instrument);
kapı ç. klingeln (Tür)
çanak Schüssel
çanta Tasche (Leder u. ä.);
para çantası Geldbörse
çarşaf Laken, Bettuch
çarşı Markt
çatal Gabel
çatı Dach
çay Tee; Bach
çayhane Teehaus
çek Scheck
çekiç Hammer
çekmek ziehen;
fotoğraf ç. fotografieren
çelik Stahl
çeşit Art, Sorte
çeşme Brunnen
çevirmek übersetzen
çevre Umwelt, Umgebung
çıkarmak ausziehen
çıkış Ausgang, Ausfahrt
çıkmak hinausgehen
çılgın verrückt
çıplak nackt
çiçek Blume
çift Paar
çiftçi Bauer
çiftlik Bauernhof
çiğ roh
çiğnemek kauen
çikolata Schokolade
çilek Erdbeere
çirkin hässlich
çivi Nagel (Stift)
çoban Schäfer
çocuk Kind
çok viel, sehr
çorap Strumpf, Socke
çorba Suppe
çöp Abfall
çukur (Schlag-)Loch
çünkü weil, denn
çürük faul, verdorben

D

dağ Berg
daha mehr, noch
daire Kreis, Amt, Wohnung
dakika Minute
dal Zweig
dalga Welle
dalgıç Taucher
dalmak tauchen;
uykuya d. einschlafen
damga Stempel
damla Tropfen
dana Kalb
dans Tanz
dar eng, schmal
davet Einladung
dayı Onkel (mütterl.)
de / da auch
dede Großvater
defa mal
defter Heft
değişmek sich ändern
değiştirmek ändern, tauschen
deli verrückt
delik Loch
demek sagen; bedeuten
demin eben, gerade
demir Eisen
demiryolu Eisenbahn
denemek prüfen
deniz Meer
deprem Erdbeben
dere Bach
derece Grad
dergi Zeitschrift
deri Leder, Haut
derin tief
devam Fortsetzung
deve Kamel
devlet Staat
dış Äußeres
dışarıda draußen
dışarıya hinaus, heraus
diğer anderer, weiterer
dikkat Vorsicht, Achtung
dikmek nähen
dil Zunge, Sprache
dilek Wunsch
dilemek wünschen
dilenci Bettler
din Religion
dinlemek zuhören
dinlenmek sich ausruhen
diş Zahn
diz Knie
dizi Reihe
doğa Natur
doğmak geboren werden
doğru gerade, richtig
doğu Osten
doğum Geburt
dokunmak berühren
dolap Schrank;
buz dolabı Kühlschrank
doldurmak füllen
dolmak sich füllen
dolmalık: d. biber Paprika
dolu voll; Hagel
domates Tomaten
domuz Schwein
dondurma Speiseeis
doruk Gipfel, Höhepunkt
dosdoğru geradeaus

dökmek (ein)gießen
döndürmek drehen
dönmek sich drehen, zurückkommen
dörtyol Kreuzung
döşek Matratze
dövmek prügeln, schlagen
dudak Lippe
duman Rauch
durak Haltestelle
durmak halten; stehen, liegen (Dinge)
durum Lage, Situation
duş Dusche
duvar Mauer, Wand
duygu Gefühl
duymak hören; empfinden
düğme Knopf
düğün Hochzeit(sfeier)
dükkân Laden, Geschäft
dün gestern
dünya Welt, Erde
düşmek fallen
düşünce Gedanke, Meinung
düşünmek denken
düz eben, flach
düzeltmek verbessern

E

eczane Apotheke
efendi Herr
eğlence Feier, Fest
eğri krumm
ekmek Brot
ekşi sauer
el Hand
elbise Kleid, Anzug
elma Apfel
emekli Rentner
emin sicher, gewiss
enişte Onkel (angeheir.)
erik Pflaume
erkek männlich, Mann
erken früh
eski alt
eskiden früher
eş Ehemann, Ehefrau
eşek Esel
eşya Gegenstand, Zeug
et Fleisch
etek Rock
etmek tun, machen
etraf Umgebung
ev Haus
evlenmek heiraten
evli verheiratet
evlilik Ehe

F

fabrika Fabrik
fakat aber, jedoch
fakir arm
fark Unterschied
farklı unterschiedlich
fasulye Bohne
faydalı nützlich
fazla zu (sehr);
en f. höchstens
feribot Fähre
fındık Haselnuss
fırça Bürste
fırın Backofen, Bäckerei
fırtına Sturm, Gewitter
fıstık Pistazie
fikir Meinung, Gedanke
fincan Tasse
fiş Stecker
fiyat Preis
fotoğraf Foto

G

garson Kellner
gazete Zeitung
gebe schwanger
gece Nacht
gecelemek übernachten
geç spät
geçen vorheriger, letzter
geçerli gültig
geçirmek verbringen
geçit (Berg-)Pass
geçmek vorbeigehen
gelecek nächster, Zukunft
gelin Braut
gelişmek wachsen
gelmek kommen
gemi Schiff
genç jung
gençlik Jugend
genel allgemein
genellikle meistens
geniş breit, weit
gerçek wahr, echt, Tatsache
gerçekten wirklich
geri zurück
geride hinten
getirmek herbringen
gezinti Ausflug
gezmek spazierengehen, besichtigen
gibi wie
giriş Eingang, Einfahrt
girmek hineingehen
gişe Schalter
gitmek gehen, fahren
giyim Kleidung
giyinmak sich anziehen
giymek anziehen (Kleid)
göğüs Brust

gök Himmel
göl See
gölge Schatten
gömlek Hemd
gönderen Absender
göndermek schicken
görmek sehen
görüşmek sich sehen, sich treffen
göstermek zeigen
götürmek hinbringen
göz Auge
gözlük Brille
grev Streik
gri grau
grup Gruppe
güç Kraft, Stärke
güçlük Schwierigkeit, Problem
gül Rose
gülmek lachen
gümrük Zoll
gümüş Silber
gün Tag
gündüz Tag(eslicht)
güneş Sonne
güney Süden
gürültü Lärm
gürültülü laut
güvercin Taube
güzel schön

H

haber Nachricht
hafif leicht (Gewicht)
hafta Woche
hak Recht
hakaret Beleidigung
haklı im Recht (sein)
hala Tante (väterl.)
halde: her h. wahrscheinlich
halı Teppich
halk Volk
halka Kreis, Ring
hamile schwanger
hanım Dame
hapishane Gefängnis
hareket Bewegung, Abfahrt
harita Landkarte
hasat Ernte
hasta krank
hastalık Krankheit
hastane Krankenhaus
hata Fehler, Irrtum
hatıra Andenken
hatırlamak sich erinnern
hava Luft, Wetter
havlamak bellen
havlu Tuch, Handtuch
havuç Möhre
hayat Leben
hayvan Tier
hazır fertig
hazırlamak vorbereiten
hedef Ziel
hediye Geschenk
hekim Arzt
hemen sofort, gleich; **h. hemen** fast
henüz noch
hep immer
hepsi alle (zusammen)
her jeder, alle (Adj.)
herkes jeder, alle (Pron.)
hesap Rechnung, Konto
hesaplamak rechnen
hırka Strickjacke
hırsız Dieb
hızlı schnell
hiç (überhaupt) nichts
hikâye Geschichte
hindi Pute
hissetmek fühlen
hizmet Dienst
horoz Hahn
hoş angenehm
hükümet Regierung

I

ırmak Fluss
ısırmak beißen
ısmarlamak bestellen
ıspanak Spinat
ıssız einsam (Ort)
ışık Licht
ızgara Grill, Rost

İ / J

ibrik Kanne
iç Inneres
içecek Getränk
içeride drinnen
içerisine hinein, herein
içilir trinkbar
içki (alkohol.) Getränk
içmek trinken; **s. içmek** rauchen
iğne Nadel, Spritze
ihbar Anzeige
ihtiyaç Bedarf
il Provinz
ilaç Medikament
ileride vorne
ilgilenmek s. interessieren
ilginç interessant
ilkbahar Frühling
imza Unterschrift
inanmak glauben

ince dünn
incir Feige
inek Kuh
inmek aussteigen
insan Mensch
inşaat Bauarbeiten
ip Seil
ipek Seide
iplik Faden
isabet: i. etmek treffen
isim Name
iskemle Stuhl
ispat Beweis
istasyon Bahnhof; **benzin istasyonu** Tankstelle
istemek wollen
iş Arbeit
işaret Zeichen
işçi Arbeiter
işsiz arbeitslos
iştah Appetit
itfaiye Feuerwehr
itmek schieben, stoßen
iyi gut
izin Erlaubnis, Urlaub
izlemek folgen
jeton Telefonmünze
jilet Rasierklinge

K

kabak Kürbis, Zucchini
kabul einverstanden
kadar: o k. soviel
kadın Frau
kâğıt Papier
kahvaltı Frühstück
kahve Kaffee
kahvehane Café
kaldırmak aufheben
kale Burg
kalem Stift (z. Schreiben)
kalın dick
kalkmak aufstehen; abfahren
kalmak bleiben
kalp Herz
kamp: k. yeri Campingplatz
kamyon Lastwagen
kan Blut
kanun Gesetz
kapak Deckel
kapalı geschlossen
kapatmak schließen
kapı Tür, Tor
kar Schnee
kara schwarz
karaciğer Leber
karakol Polizeiwache
karanlık dunkel, Dunkelheit
karar Entscheidung
karayolu Landstraße
kardeş (jüngeres) Geschwister
karı Ehefrau
karın Bauch
karınca Ameise
karışık gemischt
karıştırmak mischen
karmakarışık durcheinander
karpuz Wassermelone
karşılaşmak treffen
kartpostal Postkarte
kasa Kasse
kasap Metzger
kasket Mütze
kaşık Löffel
kat Stockwerk
katı hart
kavga Streit, Zank
kavşak Kreuzung
kavun Zuckermelone
kaya Fels, Gestein
kaybetmek verlieren
kaybolmak verlorengehen
kayık Boot
kayısı Aprikose
kaynak Quittung
kaz Gans
kaza Unfall
kazanç Lohn, Gewinn
kazanmak verdienen, gewinnen
keçi Ziege
kedi Katze
kelebek Schmetterling
kelime Wort
kemer Gürtel
kemik Knochen
kenar Rand
kere mal (mathemat.)
kesekâğıdı (Papier-)Tüte
keskin scharf (Klinge)
kesmek schneiden
keyifli lustig
kez mal
kırılmak kaputtgehen
kırmak brechen, kaputtmachen
kırmızı rot
kısa kurz, klein (körperl.)
kış Winter
kıyafet Kleidung
kıyı Küste, Ufer
kıyma Hackfleisch
kız Mädchen, Tochter
kızdırmak jdn. ärgern
kızıl rot
kızmak sich ärgern

ki dass
kibrit Streichholz
kilise Kirche
kilit Schloss, Verschluss
kimlik Ausweis, Identität
kimse jemand;
hiç k. niemand
kira Miete;
kiraya vermek vermieten
kiralamak mieten
kiraz Kirsche
kişi Person
kitap Buch
koca Ehemann
kocaman groß, riesig
koç Schafbock
kokmak riechen, duften
kol Arm, Ärmel
kolay einfach, leicht
komşu Nachbar
konforlu bequem
konsolusluk Konsulat
konuşma Gespräch
konuşmak sprechen
korkak ängstlich
korkmak sich fürchten
korku Angst, Furcht
korkunç schrecklich
koşmak laufen, rennen
kova Eimer
koy Bucht
koymak stellen, legen
koyu dunkel (Farbe)
koyun Schaf, Hammel
köpek Hund
kör blind
körfez Bucht, Golf
köşe Ecke
kötü schlecht
köy Dorf
köylü Bauer
kredi: k. kartı Kreditkarte
kuaför Damenfriseur
kulak Ohr
kule Turm
kullanmak benutzen
kum Sand
kumaş Stoff, Gewebe
kumsal (Sand-)Strand
kundak Windel
kurmak bauen
kuru trocken
kurumak trocknen
kurutmak abtrocknen
kusur Fehler, Mangel
kuş Vogel
kutlamak feiern, gratulieren
kutu Schachtel, Dose
kuvvet Kraft
kuvvetli stark, kräftig
kuyruk Schwanz; Stau, Warteschlange
kuyumcu Juwelier
kuzey Norden
kuzu Lamm
küçük klein
küfretmek fluchen
kül Asche;
k. tablası Aschenbecher
külot Unterhose
kütüphane Bibliothek

L

lahana Kohl
lamba Lampe;
trafik lambası Ampel
lavabo Waschbecken
lâzım nötig
lezzet Geschmack
liman Hafen;
hava limanı Flughafen
limon Zitrone
liste: yemek listesi Speisekarte
lokanta Gaststätte

M

maalesef leider
macun: diş macunu Zahnpasta
madeni: m. para Münze
madde Material
mağara Höhle
mağaza Laden, Kaufhaus
mahalle Stadtviertel
mahkeme Gericht (Justiz)
makam Amt
makas Schere
makine Maschine
mal Eigentum; Ware
mandalina Mandarine
mantar Pilz
manto Markt
manzara Aussicht
masa Tisch
mavi blau
mektup Brief
memleket (Heimat-)Land
memnun zufrieden
memur Angestellter, Beamter
mendil Taschentuch
merak Interesse, Neugier
meraklı neugierig
mercimek Linse
merdiven Treppe
merhem Salbe
merkez Mitte, Zentrum
mesela zum Beispiel

meslek Beruf
meşgul besetzt
meydan Platz (öffentl.)
meyhane Kneipe
meyve Obst, Frucht
mısır Mais
mide Magen
midye Muschel
misafir Gast
mola Pause, Rast
motosiklet Motorrad
muhtar Dorfvorsteher
mum Kerze
musluk Wasserhahn
mutfak Küche
mutlu glücklich
muz Banane
mücevher Schmuck
müdür Direktor
mümkün möglich
mürekkep: m. balığı Tintenfisch
müşteri Kunde
müze Museum
müzik Musik

N

nakit: n. para Bargeld
namaz Gebet (muslim.)
namus Ehre
namuslu ehrlich
nar Granatapfel
nehir Fluss
nemli feucht
neşe Freude
neşeli fröhlich, lustig
nohut Kichererbse
nokta Punkt
numara Nummer
nüfus Einwohner(schaft)

O

ocak Ofen, Herd
oda Zimmer
oğlan Junge, Bursche
oğul Sohn
okul Schule
okumak lesen
olay Ereignis
oldukça ziemlich
olgun reif
olmak werden, sein
oluşmak entstehen
omuz Schulter
orada da, dort
orman Wald
orta Mitte
ot Gras
otel Hotel
otobüs Bus
oturmak sitzen, sich setzen; wohnen
ova Ebene, Tiefland
oynamak spielen; tanzen
oyun Spiel

Ö

öbür anderer (von zwei)
ödemek (be)zahlen
ödev Aufgabe
ödünç: ö. vermek verleihen
öğle Mittag
öğrenci Schüler, Student
öğrenmek lernen
öğretmek lehren
öğretmen Lehrer
öküz Ochse
öldürmek töten
ölmek sterben
ölü tot
ölüm Tod
ön Vorderseite
önce vorher
önde vorne
önemli wichtig
öpmek küssen
öpücük Kuss
ördek Ente
örnek Beispiel
örtmek bedecken
örtü Decke, Schleier; **masa örtüsü** Tischdecke
öyle so
özel privat, ungewöhnlich
özgür frei

P

pabuç Schuh
pahalı teuer
palto Mantel, Jacke
pamuk Baumwolle
pantalon Hose
para Geld
parasız kostenlos
parça (Bestand-)Teil
park Park; Parken; **p. yeri** Parkplatz
parlamak leuchten
parmak Finger
parti Partei; Party
pasaport Reisepass
pastane Konditorei
patates Kartoffel
patlıcan Aubergine
pazar Markt
pazarlık: p. etmek feilschen
peçete Serviette

pek: p. çok sehr viel
pencere Fenster
perhiz Diät
peşin bar
peynir Käse
pınar Quelle
pırasa Porree
pil Batterie
piliç Hühnchen
pirinç Reis
pis schmutzig
pislik Schmutz
pişirmek kochen, backen, braten
plaj Strand
polis Polizei
portakal Orange
posta Post
postane Postamt
priz Steckdose
prova Anprobe, Probe
pul Briefmarke

R

radyo Radio
rağmen: buna r. trotzdem
rahat Ruhe, ruhig, bequem
rahatlı ruhig
rahatsız: r. etmek stören
rastlamak begegnen
rastlantı Zufall
rejim Diät
renk Farbe
renkli bunt
resim Bild
resmi offiziell
rica Bitte
rüya Traum
rüzgâr Wind

S

saat Uhr, Stunde
sabah Morgen
sabahleyin morgens
sabun Seife
saç Haar
saçma Quatsch
sade einfach, schlicht
sadece nur, bloß
sağ rechts; gesund
sağlık Gesundheit
sahip Besitzer
sakal Bart
sakin Einwohner
salata Salat
salatalık Gurke
salça Soße
sandal Boot
sandalye Stuhl
sandık Kiste
saniye Sekunde
sanmak meinen
sapmak abbiegen
saray Schloss, Palast
sarhoş betrunken
sarı gelb
sarışın blond
sarmak einwickeln
sarmısak Knoblauch
satıcı Verkäufer
satın: s. almak kaufen
satmak verkaufen
savaş Krieg
sayfa (Buch-)Seite
sayı Zahl, Nummer
saymak zählen
sebep Ursache, Grund
sebze Gemüse
seçmek (aus)wählen
selam Gruß;
s. söylemek Grüße bestellen
selamlamak begrüßen
sene Jahr
sepet Korb
serbest gratis, frei
sergi Ausstellung
serin kühl
sert hart
servis Dienst, Service
ses Stimme, Ton
sessiz still, leise
seve: s. seve gern
sevgi Liebe, Zuneigung
sevinç Freude
sevinmek sich freuen
sevmek lieben, mögen
seyahat Reise
seyrek selten
seyretmek zuschauen
sıcak warm, heiß
sığır Rind, Vieh
sıhhatlı gesund
sık: s. sık oft
sıkıcı langweilig
sıkılmak sich langweilen
sıkmak drücken
sınıf Klasse
sınır Grenze
sıra Reihe
sırt Rücken
sigara Zigarette
sigorta Versicherung
silâh Waffe
sinek Mücke, Fliege
sinema Kino
sinirlendirmek jdn. aufregen
sinirlenmek sich aufregen
sipariş Bestellung

sirke Essig
sis Nebel
siyah schwarz
soba Ofen, Herd
soğan Zwiebel
soğuk kalt
sokak Gasse
sokmak stechen (Insekt)
sol links
soluk Atem(zug)
son Schluss, Ende; letzter
sonbahar Herbst
sonra dann, danach, später, nachher
sonuç Ergebnis
sonunda: en s. zuletzt, schließlich, endlich
sormak fragen
soru Frage
sorumlu verantwortlich
sorun Angelegenheit
sos Soße
sosis Wurst
soyadı Nachname
soyunmak sich ausziehen
söndürmek ausmachen (Licht)
söylemek sagen, sprechen; bestellen
söz Wort;
  s. vermek versprechen
sözlük Wörterbuch
spor Sport
su Wasser, Saft
sucuk Wurst
sunmak anbieten
susamış durstig
susmak schweigen
sutyen Büstenhalter
süpürge Besen
süpürmek fegen
sürmek schieben, dauern
süt Milch

Ş

şahane prächtig
şaka Scherz, Witz
şalter (Licht-)Schalter
şapka Hut
şarap Wein
şarkı Lied;
  ş. söylemek singen
şaşırmak sich wundern
şef Chef
şeftali Pfirsich
şehir Stadt
şeker Zucker
şemsiye Schirm
şeref Ehre
şey Sache, Ding;
  bir ş. (irgend)etwas;
  her ş. alles
  hiç bir ş. nichts
şeytan Teufel
şırınga Spritze
şikâyet Beschwerde
şimdi jetzt
şimşek Blitz
şiş Bratspieß
şişe Flasche
şişman dick (körperl.)
şoför Fahrer
şube Filiale

T

tabak Teller
tabiat Natur
tabii natürlich!
tabla: kül tablası Aschenbecher
tahta Holz, Brett
tam genau
tamam einverstanden
tamir Reparatur
tane Stück (Einheit)
tanıdık Bekannter
tanık Zeuge
tanımak kennen(lernen)
tanışmak sich kennenlernen
Tanrı Gott
taraf Seite
tarak Kamm
taranmak sich kämmen
tarih Geschichte
tarla Feld, Acker
taş Stein
taşımak tragen
taşıt Fahrzeug
tat: tadına bakmak probieren, kosten
tatil Ferien;
  t. günü Feiertag
tatlı süß
tava Pfanne
tavan (Zimmer-)Decke
tavsiye Empfehlung, Rat
tavşan Hase
tavuk Huhn
taze frisch
tedavi Behandlung (Arzt)
tehlike Gefahr
tehlikeli gefährlich
tehlikesiz sicher
tek einzig
tekerlek Rad
tekrar Wiederholung
tel Draht
televizyon Fernseher
tembel faul, träge
temiz sauber

temizlemek reinigen
tencere Topf
teneffüs Pause (Schule)
teneke Blech, Kanister;
çöp tenekesi Mülleimer
tepe Hügel
tepsi Tablett
tercüman Dolmetscher
tercüme Übersetzung
tereyağı Butter
terk: t. etmek verlassen
terlemek schwitzen
terzi Schneider
testi Krug
teşekkür Dank
teyze Tante (mütterl.)
tıraş Rasur
tırnak (Finger-)Nagel
ticaret Handel
tiyatro Theater
tok satt
top Ball, Kugel
toplantı Versammlung
toprak Boden
torba Tasche, Beutel
torun Enkel(in)
toz Staub
trafik Verkehr
tren Zug
tuhaf merkwürdig
tutmak (fest)halten
tuvalet Toilette
tuz Salz
türlü Art, Sorte
tütün Tabak

U

ucuz billig
uçak Flugzeug
uçmak fliegen
uçuş Flug
un Mehl
unutmak vergessen
usul Art und Weise
uyandırmak wecken
uyanmak aufwachen
uygun passend
uyku Schlaf
uyumak schlafen
uzak weit (entfernt)
uzatmak (über)reichen
uzun lang, groß (körperl.)

Ü

ücret Lohn
ülke Land
ümit Hoffnung
üniversite Universität
ünlü berühmt
üretmek herstellen
üst Oberseite
üstelik (de) außerdem
üşümek frieren
ütülemek bügeln
üzgün traurig
üzülmek traurig sein
üzüm Weintraube

V

vadi Tal
vakit Zeit
vapur Schiff
ve und
vermek geben
veya oder
vezne Kasse
vida Schraube
viraj Kurve
vişne Sauerkirsche
vurmak schlagen

Y

yabancı Ausländer
yağ Öl, Fett
yağmak regnen, schneien
yağmur Regen
yakın nah
yakında bald
yakmak anzünden, anmachen (Licht)
yalan Lüge
yalnız allein, einsam; nur
yan Seite
yanak Wange
yangın Brand
yanılmak sich irren
yanlış falsch, Fehler
yanmak brennen
yapmak machen, bauen
yaprak Blatt (Baum)
yaralamak verletzen
yaralı verletzt
yararlı nützlich
yardım Hilfe
yarı Hälfte
yarım halb
yarın morgen
yasa Gesetz
yasak verboten
yasaklamak verbieten
yastık Kissen
yaş (Lebens-)Alter; nass
yaşam Leben
yaşamak leben
yaşlı alt (Person)
yatak Bett
yatmak liegen, sich hinlegen
yavaş langsam

yaya zu Fuß, Fußgänger
yayla Hochebene, Alm
yaz Sommer
yazık schade
yazmak schreiben
yeğen Nichte, Neffe
yel Wind
yelken Segel
yemek essen, Essen
yenge Tante (angeheir.)
yeni neu
yeniden wieder
yenilir essbar
yer Ort, Stelle, Erde
yerde: her y. überall;
hiç bir y. nirgendwo
yeşil grün
yeter genug
yeterli genügend
yetişkin Erwachsener
yetmek ausreichen
yıkamak waschen
yıkanmak sich waschen
yıl Jahr
yılan Schlange
yıldırım Blitz(schlag)
yıldız Stern
yine wieder
yiyecek Lebensmittel
yoksa oder (in Fragen)
yoksul arm
yol Weg
yolcu Reisender
yolculuk Reise
yorgan Bettdecke
yorgun müde
yorucu anstrengend
yukarıda oben
yumurta Ei
yumuşak weich
yuvarlak rund
yüksek hoch, laut
yün Wolle
yürümek (zu Fuß) gehen
yüz Gesicht
yüzde Prozent
yüzden: bu y. deshalb
yüzmek schwimmen
yüzük Ring

Z

zaman Zeit;
her z. immer
hiç bir z. nie
o z. dann, in dem Fall
zamanlar: o z. damals
zararlı schädlich
zarf Umschlag, Hülle
zaten sowieso
zayıf schwach, dünn
zehir Gift
zengin reich
zeytin Olive
zil Glocke
ziyaret Besuch
zor schwierig
zorluk Schwierigkeit

Der Autor

Marcus Stein (Jahrgang 1958) hat in Bielefeld Sprachwissenschaft studiert. Kontakte mit türkischen und kurdischen Kommilitonen weckten sein Interesse an deren Sprache. Er besuchte die Türkei mehrere Male und eignete sich dort erste Sprachkenntnisse an, die er später vertiefte. Auch durch die Bekanntschaft mit „Deutschtürken" lernte er viel über das Leben und die Kultur der Türkei.

Durch Sprachkurse für Ausländer, andere Tätigkeiten in der Ausländerarbeit, und durch die vielen Bekannten und Freunde aus und in der Türkei gibt es immer wieder neue Berührungspunkte, auch wenn die Türkei nicht immer das erste Reiseziel bleibt.